文物保新楼
祝福好祖国

庚子孟春
柯东

——文物祝福接力海报画册

中国文物信息咨询中心 编

文物出版社

图书在版编目（ＣＩＰ）数据

文物系荆楚 祝福颂祖国：文物祝福接力海报画册 /
中国文物信息咨询中心编 . ─ 北京：文物出版社，2020.8
　　ISBN 978-7-5010-6697-1

　Ⅰ.①文… Ⅱ.①中… Ⅲ.①文物—中国—图集
Ⅳ.① K870.2

　中国版本图书馆 CIP 数据核字 (2020) 第 079799 号

文物系荆楚 祝福颂祖国
文物祝福接力海报画册

编　　　者：中国文物信息咨询中心

指 导 单 位：国家文物局
主 办 单 位：中国文物信息咨询中心
题　　　签：胡冰
主　　　编：刘铭威
副　主　编：梁立刚　张喆
执 行 主 编：仇岩
执行副主编：李巍
编　　　辑：张书芳　刘葳　张媛　刘妍　贺占哲
责 任 编 辑：张冬妮　马晓雪
责 任 印 制：张丽
装 帧 设 计：雅昌设计中心·薛娜

出 版 发 行：文物出版社
社　　　址：北京市东直门内北小街 2 号楼
邮　　　编：100007
网　　　址：www.wenwu.com
邮　　　箱：web@wenwu.com
经　　　销：新华书店
印　　　刷：北京雅昌艺术印刷有限公司
开　　　本：787mm×1092mm　1/16
印　　　张：17.375
版　　　次：2020 年 8 月第 1 版
印　　　次：2020 年 8 月第 1 次印刷
书　　　号：ISBN 978-7-5010-6697-1
定　　　价：320.00 元

目录

序 言

　　2020 年初，正值千家万户迎春之时，一场突如其来的新冠肺炎疫情在武汉爆发，在全国蔓延。庚子开年，中央部署，全国响应，星夜驰援助荆楚，举国一心战疫情。文博系统坚决贯彻党中央关于疫情防控工作的各项决策部署，科学防治、精准施策，用文博人独特的方式，践行疫情阻击战的使命担当。

　　2 月初，国家文物局官方微博"中国文博"发起"文物系荆楚，祝福颂祖国"祝福接力活动。全球百家文博机构迅速响应，140 家文博机构，355 次接力，400 余幅祝福海报凝聚着文博人的坚定信念；全天 8 小时的直播接力讲解，代表着文博人的真诚祝福和殷切希望；445 万直播观看量，16 万次评论转发，5.3 亿人次阅读量，承载着公众对文物工作的关注与期许。

　　文物有声，声震九霄。那一件件彰显世界文明的文物，那一句句凝聚中国力量的祝福，那一张张升华民族精神的海报，那一座座收藏人类历史的博物馆，声声诉说着人类在疫情面前的大智大勇，传递着人定胜天的精神力量。

　　文物有情，情动四方。在特殊时期，中国文物信息咨询中心充分发挥文博矩阵优势，用创新方式，挖掘文物内涵，送上美好祝福，聚力人心共克时艰，铸牢国人必胜信念。祈愿英雄的武汉人民一定能够彻底战胜疫情，一定能够创造新时代更加辉煌的业绩！

　　文物有魂，魂映千年。文物是一个国家或民族的根和魂，它阅尽繁华也饱经沧桑，它承载文明也凝聚精神，它坚定自信更汇聚力量。我们衷心地希望用自己的方式，声援武汉，祝福祖国。正如习近平总书记指出的："中华文化延续着我们国家和民族的精神血脉，既需要薪火相传、代代守护，也需要与时俱进、推陈出新。"文博人将坚决贯彻总书记指示，不忘初心、砥砺奋进，在中华民族伟大复兴的历史征程上，谱写文博人浓墨重彩的崭新华章。

国家文物局局长　刘玉珠

文 博 矩 阵

@ 中国文博	@ 甘肃省博物馆志愿者团队	@ 金沙遗址博物馆
@ 国家博物馆	@ 开封博物馆官博	@ 陕西青年文博志愿者联合会
@ 四川博物院	@ 沈阳博物院	@ 天津博物馆
@ 湖南省博物馆	@ 天津博物馆	@ 青州市博物馆
@ 伪满皇宫博物院	@ 江西省博物馆	@ 西安城墙保护基金会
@ 苏州博物馆	@ 云南省博物馆	@ 广东省博物馆
@ 汉唐网	@ 浙江省博物馆	@ 沈阳博物院
@ 天津博物馆	@ 安徽博物院	@ 故宫鼓浪屿外国文物馆
@ 山东博物馆	@ 河北博物院	@ 周恩来邓颖超纪念馆
@ 吉林省博物院	@ 侵华日军南京大屠杀遇难同胞纪念馆	@ 呼和浩特昭君博物院
	@ 北京郭守敬纪念馆	@ 山西博物院
		@ 海昏侯

时 间

02.11 |||||||||||||||||||||||||||||| **02.12** |||||||||||||||||||||||||||||| **02.13** ||||||||||||||||||||||||||||||

@ 甘肃省博物馆志愿者团队	@ 辽宁省博物馆	@ 广州考古
@ 开封博物馆官博	@ 金沙遗址博物馆	@ 成都永陵博物馆
@ 沈阳博物院	@ 陕西青年文博志愿者联合会	@ 中国丝绸博物馆
@ 江西省博物馆	@ 青州市博物馆	@ 池州市秀山门博物馆
@ 云南省博物馆	@ 中国港口博物馆	@ 陕西历史博物馆志愿者团队
@ 浙江省博物馆	@ 广东省博物馆	@ 德州市博物馆
@ 安徽博物院	@ 故宫鼓浪屿外国文物馆	@ 西安碑林博物馆
@ 河北博物院	@ 周恩来邓颖超纪念馆	@ 上海博物馆
@ 侵华日军南京大屠杀遇难同胞纪念馆	@ 呼和浩特昭君博物院	@ 福建博物院
@ 二里头夏都遗址博物馆	@ 山西博物院	@ 大同市博物馆
	@ 海昏侯	
	@ 广州孙中山大元帅府	

|||||||||||| **02.21** |||||||||||||||||||||||||||||| **02.22** |||||||||||||||||||||||||||||| **02.23** ||||||||||||||||||||||||||||||

@ 南昌八一起义纪念馆　　@ 河南博物院　　@ 桂林博物馆　　@ 济南市博物

@ 湖州市博物馆　　@ 云阳博物馆　　@ 深圳望野博物馆　　@ 广东省博物

@ 龙华英烈　　@ 西安半坡博物馆　　@ 巫山博物馆官博　　@ 甘肃考古

@ 南京中国科举博物馆　　@ 西安博物院　　@ 观复博物馆　　@ 西安城墙保

@ 北京民俗博物馆　　@ 中国钱币博物馆　　@ 夔州博物馆　　@ 宁夏博物馆

@ 首都博物馆的文化表情　　@ 成都博物馆　　@ 鹤壁市博物馆　　@ 海南省博物

@ 临沂市博物馆　　@ 中国云锦博物馆　　@ 北京汽车博物馆　　@ 辛亥革命武

@ 武汉自然博物馆　　@ 西汉南越王博物馆　　@ 长沙博物馆 CSM　　@ 孔子博物

@ 湖南考古　　@ 宝鸡青铜器博物院官方微博　　@ 南京市博物总馆　　@ 德清县博物

@ 青海省博物馆　　@ 汉景帝阳陵博物院　　@ 武汉市中山舰博物馆　　@ 晋国博物

@ 云南省博物馆　　@ 安徽徽州文化博物馆

03.05　　　　**03.06**　　　　**03.07**　　　　**03.08**

@ 孔子博物馆　　@ 南京市博物总馆

@ 西安博物院　　@ 德清县博物馆

@ 武汉博物馆　　@ 福建博物院

@ 伪满皇宫博物院　　@ 济宁市博物馆

@ 中国钱币博物馆　　@ 南京中国科举博物馆

@ 山东博物馆　　@ 池州市秀山门博物馆

@ 武汉自然博物馆　　@ 辛亥革命武昌起义纪念馆

@ 广西壮族自治区博物馆　　@ 观复博物馆

@ 金沙遗址博物馆　　@ 瑷珲历史陈列馆

@ 天津博物馆　　@ 重庆中国三峡博物馆

@ 贵阳苗疆故事民族服饰博物馆　　@ 中国文物信息资讯中心

@ 国家图书馆　　@ 湖北省博物馆

@ 西安曲江艺术博物馆

@ 石嘴山市博物馆

03.15　　　　**03.16**

@ 平津战役纪念馆
@ 成都永陵博物馆
@ 中国丝绸博物馆
@ 池州市秀山门博物馆
@ 陕西历史博物馆志愿者团队
@ 南京六朝博物馆
@ 西安碑林博物馆
@ 上海博物馆
@ 福建博物院
@ 大同市博物馆

@ 考古汇
@ 成都武侯祠
@ 龙华英烈
@ 新疆博物馆
@ 四川广汉三星堆博物馆
@ 首都博物馆的文化表情
@ 临沂市博物馆
@ 武汉自然博物馆
@ 湖南考古
@ 青海省博物馆
@ 西藏博物馆

@ 卢浮宫
@ 莫高窟
@ 西安半坡博物馆
@ 西安博物院
@ 中国钱币博物馆
@ 成都博物馆
@ 无锡博物院
@ 西汉南越王博物馆
@ 宝鸡青铜器博物院官方微博
@ 汉景帝阳陵博物院

@ 巴黎毕加
@ 法兰西军
@ 巫山博物
@ 观复博物
@ 夔州博物
@ 洛阳古代艺
@ 北京汽车博
@ 长沙博物
@ 南京市博物
@ 咸阳博物
@ 荆州博物

02.14　**02.15**　**02.16**　**02.17**

@ 南京图书馆
@ 西安城墙保护基金会
@ 龙华英烈
@ 厦门市博物馆官博
@ 四川广汉三星堆博物馆
@ 呼和浩特昭君博物院
@ 首都博物馆的文化表情
@ 临沂市博物馆
@ 武汉自然博物馆
@ 江西省博物馆
@ 湖南考古
@ 青海省博物馆
@ 陕西历史博物馆
@ 苏州博物馆
@ 天津博物馆
@ 广州孙中山大元帅府
@ 海南省博物馆

@ 法国香槟大区奥布省旅游
@ 敦煌研究院
@ 西安半坡博物馆
@ 西安博物院
@ 中国钱币博物馆
@ 成都博物馆
@ 中国云锦博物馆
@ 西汉南越王墓博物馆
@ 宝鸡青铜器博物院官方微博
@ 汉景帝阳陵博物院

@ 桂林博物馆
@ 瑞金中央革命根据地纪念馆
@ 巫山博物馆官博
@ 观复博物馆
@ 夔州博物馆
@ 甘肃省博物馆
@ 海南省博物馆
@ 北京汽车博物馆
@ 长沙博物馆 CSM
@ 南京市博物总馆
@ 武汉市中山舰博物馆
@ 潍坊博物馆
@ 中国南海博物馆

@ 济南市博物
@ 绍兴博物
@ 自贡恐龙博
@ 甘肃考古
@ 广西壮族博
@ 宁夏博物
@ 海南省博
@ 辛亥革命武
@ 孔子博物
@ 德清县博
@ 晋国博物
@ 中国妇女儿

02.24　**02.25**　**02.26**　**02.27**

物馆
物馆
博

博物馆
馆
CSM
念馆

博物馆

@ 济南市博物馆
@ 法国香波堡
@ 吉美国立亚洲艺术博物馆
@ 广西壮族自治区博物馆
@ 宁夏博物馆
@ 海南省博物馆
@ 辛亥革命武昌起义纪念馆
@ 孔子博物馆
@ 德清县博物馆
@ 晋国博物馆
@ 中国海关博物馆

@ 凡尔赛宫
@ 重庆美国大使馆旧址陈列馆
@ 贵州省博物馆
@ 国博衍艺
@ 国家图书馆
@ 鄂尔多斯青铜器博物馆
@ 北京石刻艺术博物馆
@ 徐州博物馆
@ 南越王宫博物馆
@ 湖北省博物馆
@ 武汉市辛亥革命博物馆

@ 澳大利亚国家博物馆
@ 四川博物院
@ 山西省艺术博物馆官博
@ 湖南省博物馆
@ 伪满皇宫博物院
@ 广州孙中山大元帅府
@ 苏州博物馆
@ 广西民族博物馆
@ 天津博物馆
@ 山东博物馆
@ 吉林省博物院
@ 中国南海博物馆

02.18 **02.19** **02.20**

馆
物馆

区博物馆

起义纪念馆

博物馆

@ 烟台市博物馆
@ 重庆美国大使馆旧址陈列馆
@ 贵州省博物馆
@ 天津自然博物馆
@ 辽宁省博物馆
@ 鄂尔多斯青铜器博物馆
@ 南京六朝博物馆
@ 徐州博物馆
@ 南越王宫博物馆
@ 湖北省博物馆
@ 安吉县博物馆
@ 宜宾博物馆

@ 河南博物院
@ 上林湖越窑考古遗址公园
@ 南昌八一起义纪念馆
@ 南京中国科举博物馆
@ 楚雄州博物馆
@ 广州孙中山大元帅府
@ 北京民俗博物馆
@ 云阳博物馆
@ 鹤壁市博物馆
@ 深圳望野博物馆

@ 广东省博物馆志愿者团队
@ 四川博物院
@ 法国香波堡
@ 广州考古
@ 伪满皇宫博物院
@ 苏州博物馆
@ 马勒梅松城堡
@ 天津博物馆
@ 山东博物馆
@ 吉林省博物院

02.28 **02.29** **03.01**

@ 四川博物院　　　　　　　@ 四川博物院　　　　　　　@ 湖南省博物馆
@ 大报恩寺遗址景区　　　　@ 金沙遗址博物馆　　　　　@ 广西民族博物馆
@ 甘肃省博物馆志愿者团队　@ 陕西青年文博志愿者联合会　@ 中国丝绸博物馆
@ 开封博物馆官博　　　　　@ 青州市博物馆　　　　　　@ 济宁市博物馆
@ 沈阳博物院　　　　　　　@ 中国港口博物馆　　　　　@ 陕西历史博物馆志愿者团队
@ 江西省博物馆　　　　　　@ 广东省博物馆　　　　　　@ 楚雄州博物馆
@ 云南省博物馆　　　　　　@ 故宫鼓浪屿外国文物馆　　@ 瑞金中央革命根据地纪念馆
@ 浙江省博物馆　　　　　　@ 周恩来邓颖超纪念馆　　　@ 上海博物馆
@ 安徽博物院　　　　　　　@ 呼和浩特昭君博物院　　　@ 福建博物院
@ 河北博物院　　　　　　　@ 山西博物院　　　　　　　@ 大同市博物馆
@ 侵华日军南京大屠杀遇难同胞纪念馆　@ 海昏侯　　　　　　@ 南京博物院
@ 二里头夏都遗址博物馆　　@ 南京博物院

03.02　　　　　　　　　**03.03**　　　　　　　　　**03.04**

@ 南昌八一起义纪念馆　　　@ 宝鸡青铜器博物院　　　　@ 江西省博物馆
@ 恭王府博物馆　　　　　　@ 中国丝绸博物馆　　　　　@ 重庆美国大使馆旧址陈列馆
@ 开封市博物馆　　　　　　@ 桂林博物馆　　　　　　　@ 临沂市博物馆
@ 大同市博物馆　　　　　　@ 西安半坡博物馆　　　　　@ 安徽博物院
@ 甘肃省博物馆志愿者团队　@ 西安城墙保护基金会　　　@ 首都博物馆
@ 巫山博物馆　　　　　　　@ 鄂尔多斯青铜器博物馆　　@ 瑞金中央革命根据地纪念馆
@ 中国云锦博物馆　　　　　@ 中国港口博物馆　　　　　@ 上海博物馆
@ 青海省博物馆　　　　　　@ 西汉南越王博物馆　　　　@ 广州考古
@ 无锡博物院　　　　　　　@ 周恩来邓颖超纪念馆　　　@ 沈阳博物院
@ 汉景帝阳陵博物院　　　　@ 广东省博物馆志愿者　　　@ 咸阳博物院志愿者团队
@ 黑龙江省博物馆　　　　　@ 云南省博物馆　　　　　　@ 上海宋庆龄故居
@ 天津博物馆

03.12　　　　　　　　　**03.13**　　　　　　　　　**03.14**

念馆

@ 烟台市博物馆
@ 重庆美国大使馆旧址陈列馆
@ 西安半坡博物馆
@ 瑷珲历史陈列馆
@ 广州考古
@ 鄂尔多斯青铜器博物馆
@ 南京图书馆
@ 南京中国科举博物馆
@ 徐州博物馆
@ 南越王宫博物馆
@ 国家图书馆

@ 四川博物院
@ 吉林省博物院
@ 故宫鼓浪屿外国文物馆
@ 深圳望野博物馆
@ 湖州市博物馆
@ 呼和浩特昭君博物院
@ 武汉市中山舰博物馆
@ 陕西历史博物馆志愿者团队
@ 徐州博物馆
@ 云南省博物馆

@ 河北博物院
@ 陕西青年文博志愿者联合会
@ 广东省博物馆
@ 湖南省博物馆
@ 晋国博物馆
@ 鹤壁市博物馆
@ 云阳博物馆
@ 苏州博物馆
@ 青州市博物馆
@ 夔州博物馆
@ 内蒙古博物院

03.09   **03.10**   **03.11**

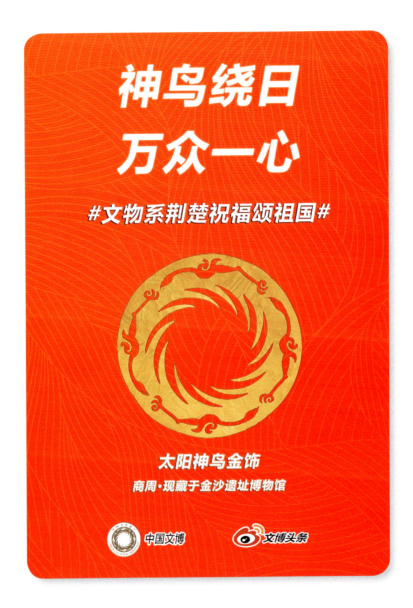

神鸟绕日
万众一心

#文物系荆楚祝福颂祖国#

太阳神鸟金饰

商周·现藏于金沙遗址博物馆

中国文博　　文博头条

太阳神鸟金饰

　　中国文化遗产标志。整器呈圆形，器身极薄。镂空图案分内外两层，内层等距分布十二条旋转的齿状光芒；外层由四只相同的逆时针飞行的神鸟组成。

　　神鸟绕日飞翔，代表古人对光明的向往，也彰显了追求光明、团结奋进、和谐包容的精神寓意。

文物海报发布时间 2020.02.11

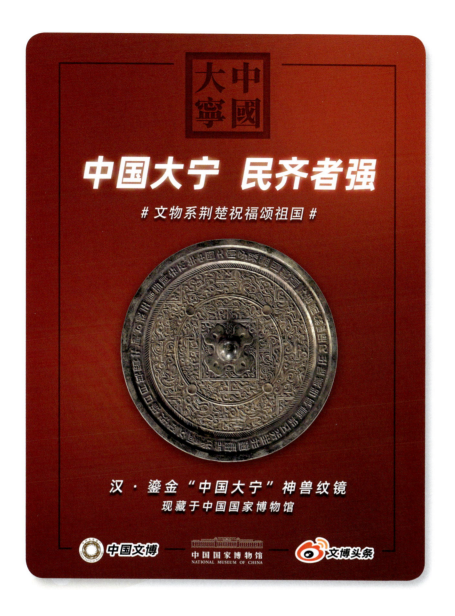

中国大宁 民齐者强

文物系荆楚祝福颂祖国

汉 · 鎏金"中国大宁"神兽纹镜
现藏于中国国家博物馆

中国文博　中国国家博物馆 NATIONAL MUSEUM OF CHINA　文博头条

鎏金"中国大宁"神兽纹镜

　　镜背鎏金，圆钮，柿蒂纹钮座。镜外缘一周有篆文铭书"……以视玉容兮，辟去不羊（祥）。中国大宁，子孙益昌……"表达了对国家安定繁荣的美好祝福。

文物海报发布时间 2020.02.11

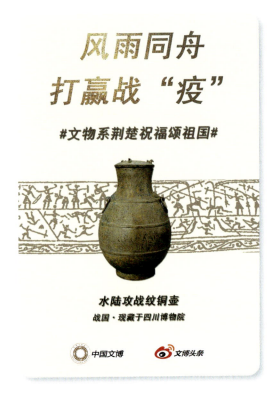

水陆攻战纹铜壶

高仅 40 厘米的壶身上刻画了 200 多个不同的人物形象，以嵌错法记录了战国时代贵族生活情境，既有战场上紧张激烈的厮杀，又有宴会上钟鸣鼎食之景，整体图案精致完整。

文物海报发布时间 2020.02.11

缉熙楼

该楼位于伪满皇宫内廷西院，原是地方盐仓和官署所在地，属吉黑榷运局。

"缉熙"取自《诗经·大雅·文王》中"於缉熙敬止"一句，象征前途光明。

文物海报发布时间 2020.02.11

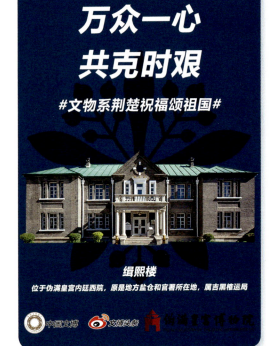

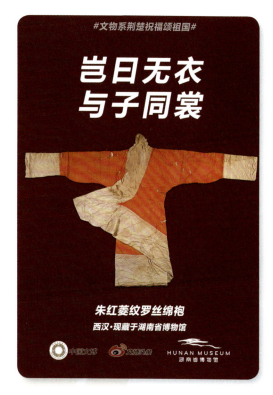

朱红菱纹罗丝绵袍

　　湖南马王堆辛追墓出土。交领、右衽、曲裾。以朱红菱纹罗为面料，素绢为里、缘，内絮丝绵。上衣下裳相连的袍服在汉初贵族妇女中广为流行。

　　"岂曰无衣？与子同裳。"出自《诗经·秦风·无衣》，表达了同舟共济、万众一心、与子偕作、共渡难关的决心。只愿春暖花开时，山河无恙，一切皆安！

文物海报发布时间　2020.02.11

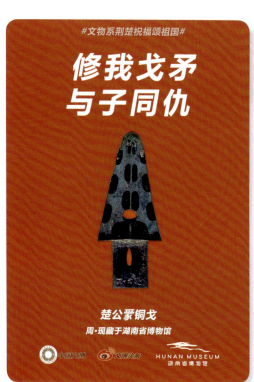

楚公豪铜戈

　　兵器。三角形援，援表面有大小不一的黑色椭圆形斑块。篆书五字铭文"楚公豪秉戈"排列于内端至一侧。此戈为目前所见最早的楚国有铭铜戈。

　　"修我戈矛，与子同仇。"语出《诗经·秦风·无衣》，意谓修造武器，同心协力对付敌人。

文物海报发布时间　2020.02.11

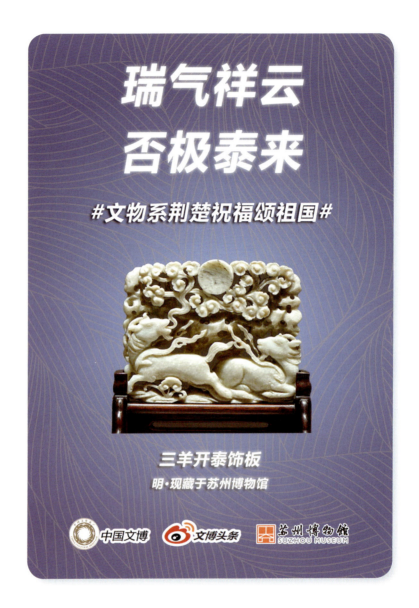

三羊开泰饰板

　　"三羊开泰"亦为"三阳开泰",古人认为泰卦是大吉之象,因而有了"三阳开泰"代表吉祥的寓意。祝愿湖北、祝愿中国,瑞气祥云现,三阳开泰来。

文物海报发布时间 2020.02.11

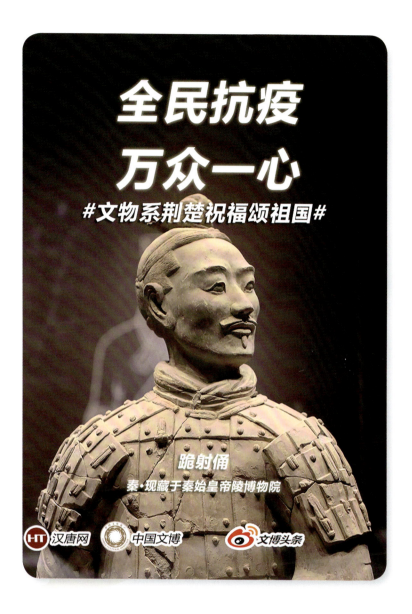

跪射俑

陕西的地图轮廓犹如一个跪射俑，头挽发髻，身披铠甲，持握弓箭的双手握于腰间，目光坚定，众志成城。全民战"疫"，民齐者强！

文物海报发布时间 2020.02.11

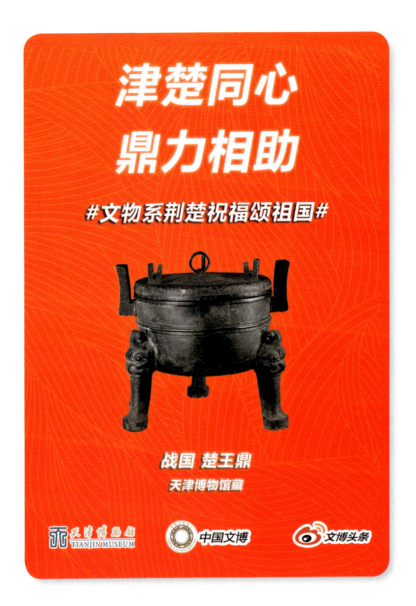

楚王鼎

　　直腹，兽蹄形足，附耳，盖上有环和三个变形的鸟状钮。共有铭文60余字，记载了楚幽王为庆贺胜利用缴获的兵器铸成此鼎的经过并用于祭祀的史实。鼎既是炊器、盛食器，也是礼器之一，被视作王权的象征。津楚同心，鼎力相助！

文物海报发布时间 2020.02.11

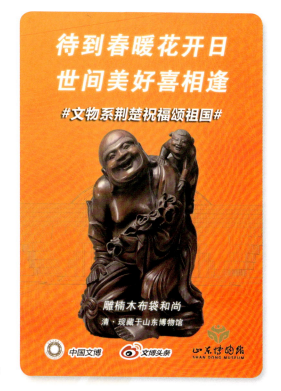

雕楠木布袋和尚

　　圆雕布袋和尚与童子嬉戏的画面，刀法深峻，磨工精细，形神兼备。

文物海报发布时间　2020.02.11

错金银"丙午神钩"铜带钩

　　通体错金银，镶嵌宝石，造型精美，铸工精巧。器物背面一侧错金篆书铭文："丙午神钩 君必高迁"，寓意"遇难呈祥，平安顺遂"。

文物海报发布时间　2020.02.11

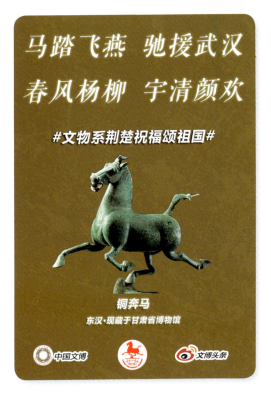

铜奔马

　　中国旅游标志。出土于1969年甘肃武威雷台汉墓。骏马三足腾空，一足轻掠飞鸟之背，头顶雄胜迎风后拂，蹄下飞鸟惊愕回首，展现出奔马凌空疾驰的气势，又名"马踏飞燕"。

　　天马凌空，一往无前！

文物海报发布时间　2020.02.12

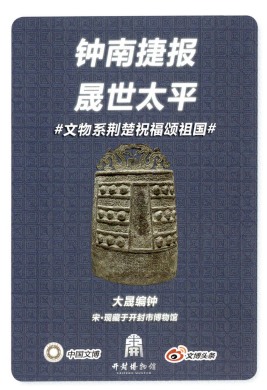

大晟编钟

　　甫部为双夔形，钟乳36枚，钲部、舞部和篆部饰蟠虺纹，正中钲部用阴线刻篆书"大晟"二字，背面正中钲部刻"夷则"。整器古朴典雅，纹饰优美。大晟是北宋王朝的宫廷乐府名，大晟编钟即大晟乐府的乐器之一。大晟，光明盛大之意；编钟，奏响祥瑞之音。待到山花烂漫时，钟鸣捷报传。

文物海报发布时间　2020.02.12

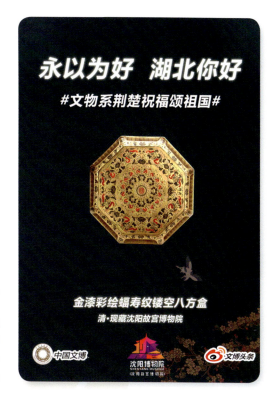

金漆彩绘蝠寿纹镂空八方盒

　　清宫御用实用器，盒盖与盒身均为镂空开光，开光处为丝网编织的天窗，盒盖中心为红漆团寿字，周围缠绕瓜蝶缠枝花卉图案，寓意洪福齐天、瓜瓞绵长，表达了对国家安定繁荣的美好祝愿。

文物海报发布时间　2020.02.12

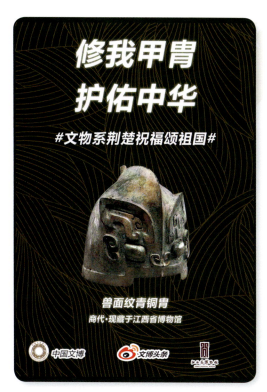

兽面纹青铜胄

　　头部护具。高浮雕兽面纹，自前至后正中凸嵴，顶上伸出一段小圆管，用以安插缨饰。侧边各有一小洞，以穿绳系胄固于颌下。顶侧兽角旁各有一小孔，用作透气。器物铸造精致，表面光整，为青铜兵器珍品。疫情就是命令，疫场如战场。修我甲胄，护佑中华，战"疫"必胜！

文物海报发布时间　2020.02.12

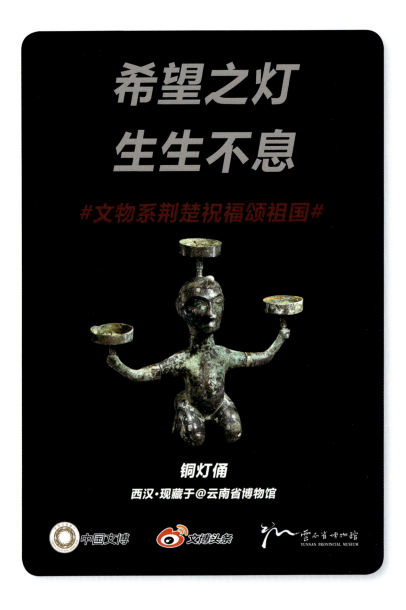

希望之灯
生生不息

#文物系荆楚祝福颂祖国#

铜灯俑

西汉·现藏于@云南省博物馆

中国文博　　文博头条　　云南省博物馆
YUNNAN PROVINCIAL MUSEUM

铜灯俑

　　该器物为一裸体男子形象，呈跪坐状。男子双手及头部各持一圆形灯盘，寓意文明之光凝聚民族希望，希望之光照亮八方支援。

文物海报发布时间 2020.02.12

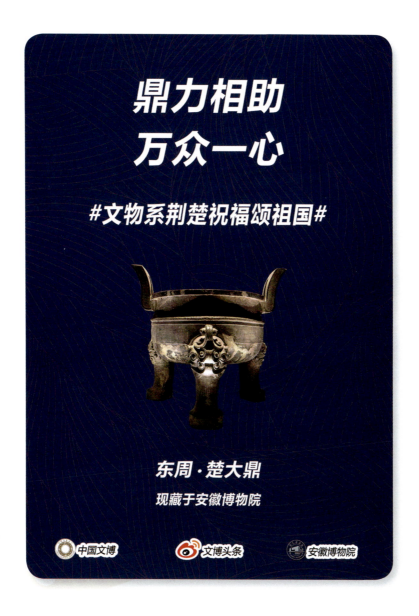

鼎力相助
万众一心

#文物系荆楚祝福颂祖国#

东周·楚大鼎

现藏于安徽博物院

中国文博　文博头条　安徽博物院

楚大鼎

　　圆口，方唇，鼓腹，圜底，蹄足。附耳外侈。腹饰一箍，箍上饰模印花纹。双耳和颈部模印菱形几何图案，足根部饰浮雕漩涡纹。前足足跟和左腹下外壁各刻"安邦"二字吉语。此鼎形制雄伟，堪称楚国重器。

　　面对疫情，全国人民鼎力相助，万众一心，共克时艰！

文物海报发布时间 2020.02.12

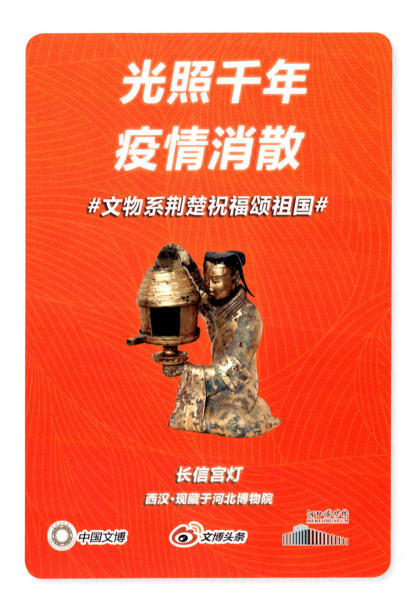

长信宫灯

　　中山靖王刘胜妻窦绾墓出土。灯体为一通体鎏金、双手执灯跽坐的宫女，神态恬静优雅。因曾放置于窦太后（刘胜祖母）的长信宫内而得名。一盏宫灯，凝聚了西汉时代人们的生活智慧。长信宫灯的星星之火，点燃了中华伟大文明与世界的交流！让我们一起坚定信心，向光而行。

文物海报发布时间 2020.02.12

和平大钟

位于侵华日军南京大屠杀遇难同胞纪念馆公祭广场，是 2003 年由 14 位旅日爱国华侨捐资铸造并捐赠的。疫情当前，各国友人伸出援手。山川异域，风月同天！

文物海报发布时间 2020.02.12

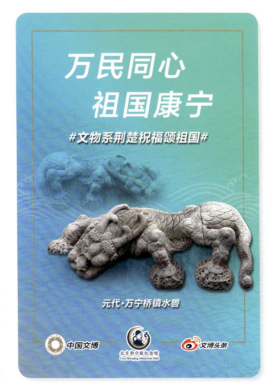

万宁桥镇水兽

镇水兽名为蚣蝮，是传说中的龙生九子之一，生来好喜波弄水，常出现在石桥栏杆顶端。位于元代科学家郭守敬主持贯通的通惠河上第一闸——澄清上闸（今万宁桥）下的镇水兽，如虎伏地，刚猛威武，镇守一方水土，保佑一方安宁。

文物海报发布时间 2020.02.12

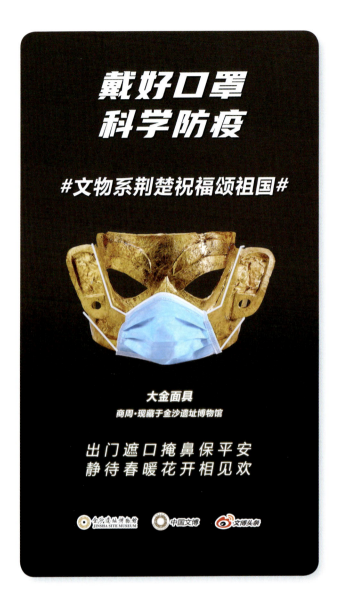

大金面具

　　高鼻大耳，长相端庄威严。一对汪汪大眼镂空似蝶翅，眉毛微凸、中宽而两端收束，弯如新月，嘴巴微张，带着一丝神秘笑意。它所在的时代，中原的商周王朝已然崛起，而古蜀先民正在成都平原扎根。乐观向上的古蜀人，从不缺乏信心和微笑。在这个特殊时期，除了坚定信心，更要用科学严谨的态度做好防疫，待到春暖花开再相见时，微笑也会格外美丽。

文物海报发布时间　2020.02.13

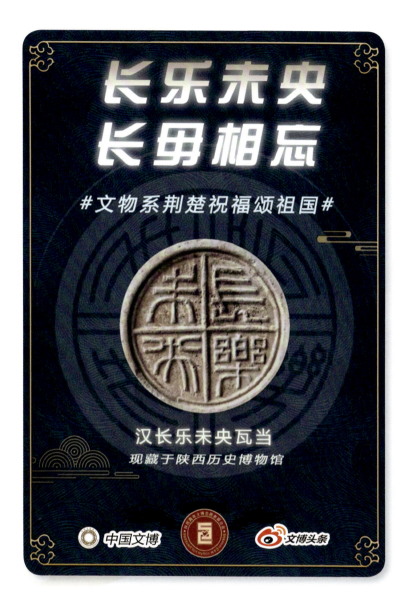

"长乐未央"瓦当

　　"长乐未央"是汉代常见吉语之一，意为天子与各地诸侯长和，则国能传之"千秋万岁"。愿以长安之名保佑长治久安，以秦砖汉瓦祈求长乐未央，愿中国千秋不衰，患难回忆长毋相忘。

文物海报发布时间 2020.02.13

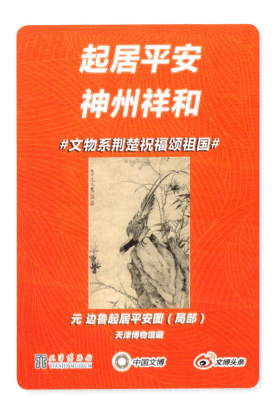

边鲁起居平安图（局部）

　　图绘一只居于突兀的秀石之上的雄鸡，低首作鸣叫状。秀石旁绘有丛竹、枸杞之属，画面生动。该图以雉鸡比作雄鸡，取"鸡鸣将旦，为人起居"之意，又以竹取"竹报平安"之意，寓意平安吉祥。

文物海报发布时间　2020.02.13

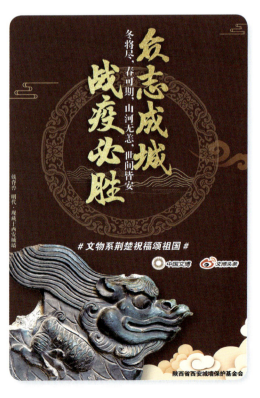

饯脊兽

　　在古代，城墙是为保护城民、抵御入侵而建。立于城楼顶上的饯脊兽不仅有固定屋脊和避雷之用，更蕴含着中华传统文化中祈福驱邪之意。寒冬已到尽头，战"疫"终将迎来曙光，只愿春日早归，涤荡世间灾病。山河无恙，世间皆安！

文物海报发布时间　2020.02.13

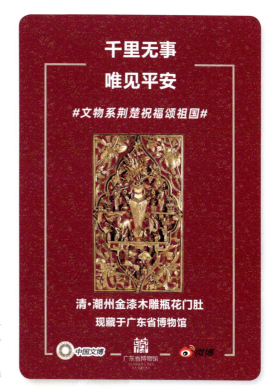

清·潮州金漆木雕瓶花门肚
现藏于广东省博物馆

潮州金漆木雕瓶花门肚

潮州金漆木雕是流传于潮汕地区的一种民间工艺美术，历史悠久。2006年，潮州木雕被正式列入中国首批非物质文化遗产名录。花瓶寓意平安，愿千里无事，唯见平安！

文物海报发布时间 2020.02.13

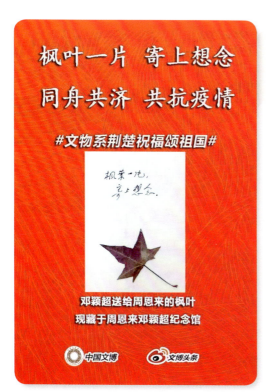

邓颖超送给周恩来的枫叶
现藏于周恩来邓颖超纪念馆

邓颖超送给周恩来的枫叶

此物是日内瓦会议期间邓颖超寄给周恩来的枫叶，信纸上写着"枫叶一片，寄上想念"。红叶寄托着相思，表达着深深地情意。一片枫叶，也寄上天津人民对荆楚人民的想念与支援。

文物海报发布时间 2020.02.13

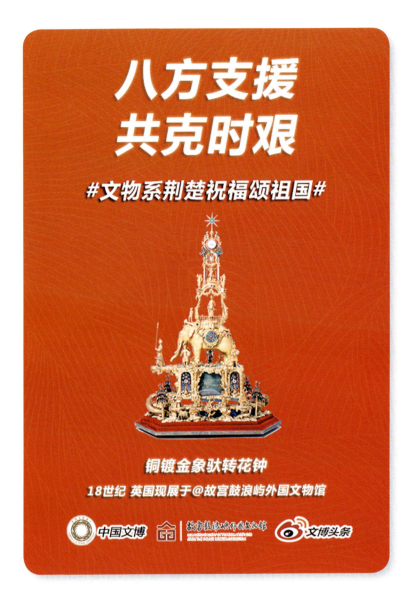

铜镀金象驮转花钟

清宫旧藏，体形高大，制作精细，由上至下均
分布有活动机械装置，启动后可发出音乐声响，站
立在钟上的士官及钟上的花卉动物可随音乐摆动，
惟妙惟肖，可谓清宫收藏钟表的典型代表。钟顶的
八芒星的八个角围绕一个中心旋转，恰似当下，一
方有难，八方支援。八芒星散发的光芒，也代表了
各地的美好期许。

文物海报发布时间 2020.02.13

楚公逆钟

　　编钟共计一组八件，出土于山西省曲沃县晋侯墓，铭文记述了楚公逆为祭祀祖先出征，得到大量铜后做此编钟。楚公逆钟的出土将楚晋交往的历史由文献记载的春秋早期提早到了西周晚期。晋楚之好，共克时艰！

文物海报发布时间　2020.02.13

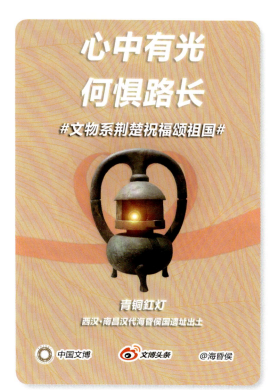

青铜釭灯

　　鼎形釭灯，设计精巧。全器由灯盘、双层灯罩、左右双导烟管和兼有底座与贮水消烟双重功能的三足釜形器四部分组成。

文物海报发布时间　2020.02.13

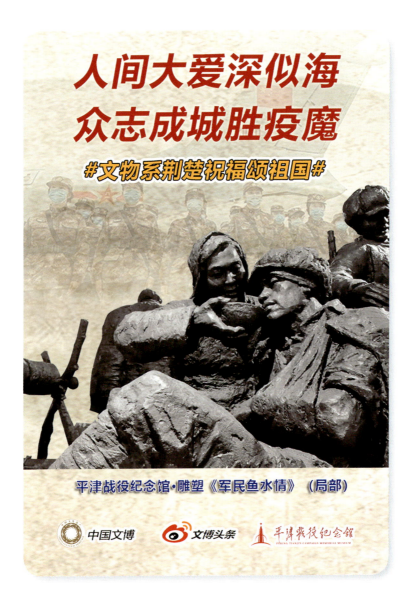

人间大爱深似海
众志成城胜疫魔

#文物系荆楚祝福颂祖国#

平津战役纪念馆·雕塑《军民鱼水情》（局部）

中国文博　　文博头条　　平津战役纪念馆

雕塑《军民鱼水情》

　　陈列于平津战役纪念馆展厅内。军之所在，民之心安！

　　当年，在解放区传唱着这样一首民谣：最后一碗米用来做军粮；最后一尺布用来缝军装；最后的老棉被盖在担架上；最后的亲骨肉送到战场上。平津战役纪念馆展厅内陈列的这组雕塑，时刻在向人们诉说着军民鱼水情深。

　　今天，战斗在抗击新型冠状病毒的医务人员、解放军战士，同当年的人民子弟兵一样，冲在了战"疫"的第一线，我们深信，人类必将取得这场战"疫"的胜利！

文物海报发布时间 2020.02.14

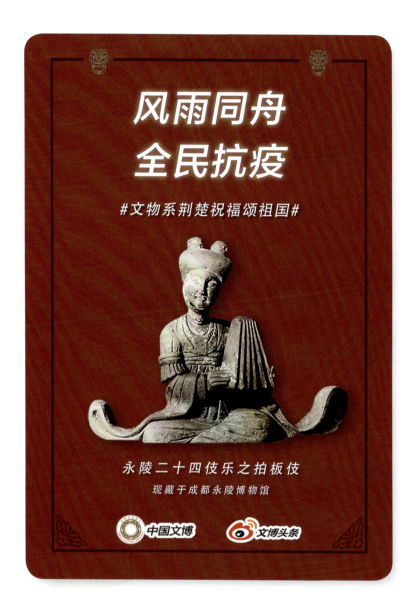

风雨同舟
全民抗疫

#文物系荆楚祝福颂祖国#

永 陵 二 十 四 伎 乐 之 拍 板 伎

现藏于成都永陵博物馆

中国文博　　文博头条

永陵二十四伎乐之拍板伎

　　永陵石刻乐队是迄今所见唐五代音乐舞蹈资料中最全面系统和最直观真实的一种。"拍板"于魏晋时期从西北少数民族地区传入中原，在唐代音乐舞蹈中地位颇高，其重要功用是控制节拍。

文物海报发布时间 2020.02.14

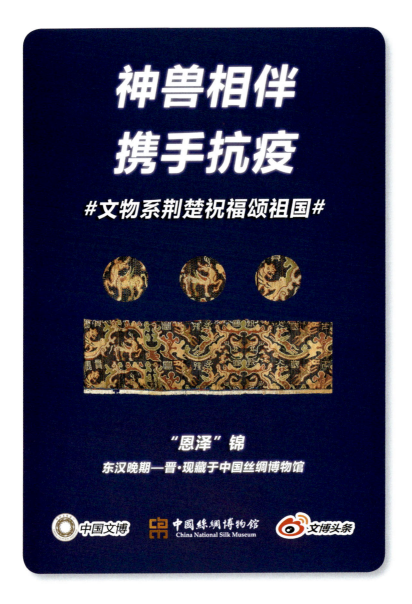

"恩泽"锦

连续的云气纹间分布着立鸟、羽人、辟邪、神鹿和猛虎等神兽。铭文"恩泽""下岁大孰宜子孙富贵寿"表达了人们渴望长生、荫及子孙的观念和对未来的美好期盼。

文物海报发布时间　2020.02.14

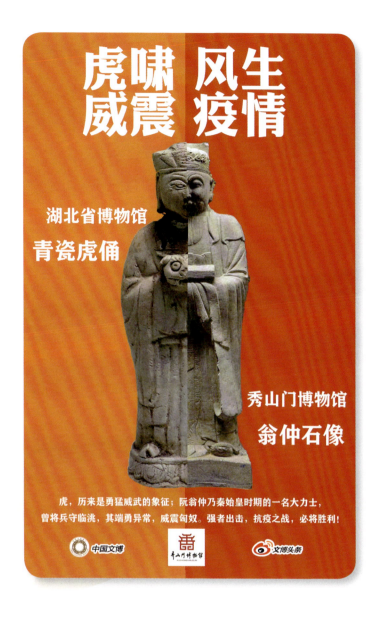

青瓷虎俑 / 翁仲石像

　　虎，历来是勇猛威武的象征；阮翁仲是秦始皇时期的一名大力士，曾将兵守临洮，其端勇异常，威震匈奴。强者出击，抗疫之战，必将胜利！

文物海报发布时间 2020.02.14

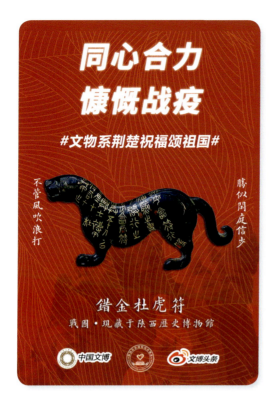

同心合力
慷慨战疫

#文物系荆楚祝福颂祖国#

不管风吹浪打

腾似闲庭信步

错金杜虎符
战国·现藏于陕西历史博物馆

中国文博　文博头条

错金杜虎符

　　虎符是中国古代调兵遣将的信物，分左右两半，分别在君王和驻军将领手中，两半符合在一起可调动军队。此件是秦国杜县将领手中的左半符，它承载了秦人和当时华夏文明独步天下的军事智慧和缜密周详的国家动员机制。代表了艰苦卓绝、不屈不挠的精神。同心合力，慷慨战"疫"！

文物海报发布时间　2020.02.14

鸡首壶

　　带盖。鸡首下有短颈、喙圆，冠高，肩带桥形方系。造型别致，鸡首上昂，仿佛正在引颈眺望，与把手一高一低，遥相呼应。"鸡"不仅为文、武、勇、仁、信的五德之禽，音还同"吉"，代表人们对美好的生活的向往。鸡啼鸣，长夜将明。

文物海报发布时间　2020.02.14

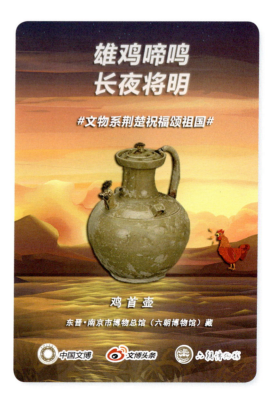

雄鸡啼鸣
长夜将明

#文物系荆楚祝福颂祖国#

鸡首壶
东晋·南京市博物总馆（六朝博物馆）藏

中国文博　文博头条　六朝博物馆

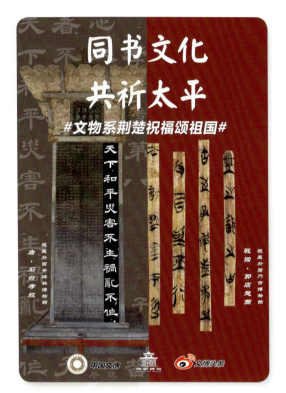

石台孝经 / 郭店楚简

孝经章第八载，"天下和平，灾害不生，祸乱不作"，这是古之圣贤对苍生的终极关怀，对治世的永恒追求。西安碑林博物馆携石台孝经，为武汉加油，为湖北祈福！

文物海报发布时间 2020.02.14

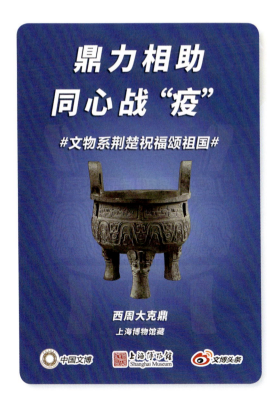

大克鼎

"国之重器"西周大克鼎，在潘氏家族的世代守护下，"贮藏得所，克保永久"，现藏于上海博物馆。立耳，口沿下饰变形兽面纹，中饰小兽面纹，并有觚棱凸棱，整体造型庄严厚重。腹内铸铭文 290 字，笔势圆润，其内容是研究西周土地制度和官制的重要资料。

文物海报发布时间 2020.02.14

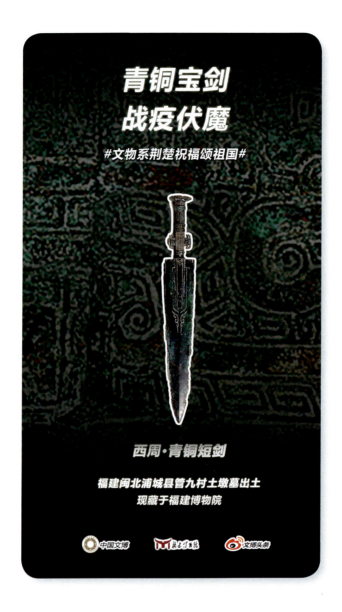

青铜短剑

　　剑身中脊凸起饰云纹，剑茎处有窃曲纹、云雷纹等纹饰；剑柄两侧带有两个护耳。

文物海报发布时间 2020.02.14

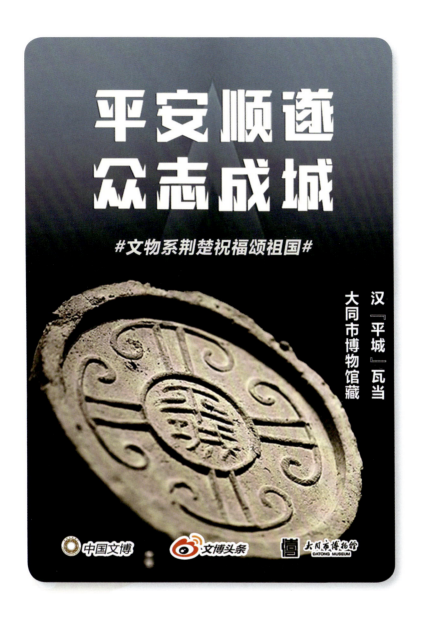

"平城"瓦当

　　平城（今山西大同）是北魏前期的都城。一瓦一个家，一家一座城，一城一天下。家平安，城永泰，天下太平。

文物海报发布时间　2020.02.14

史前玉饰

两件玉器分别出土于山西芮城清凉寺和湖北天门石家河，在相距千里的两地发现了四千年前制作工艺及艺术风格如出一辙的玉器，这正是中华民族一脉同气，守望相助的见证！

文物海报发布时间 2020.02.15

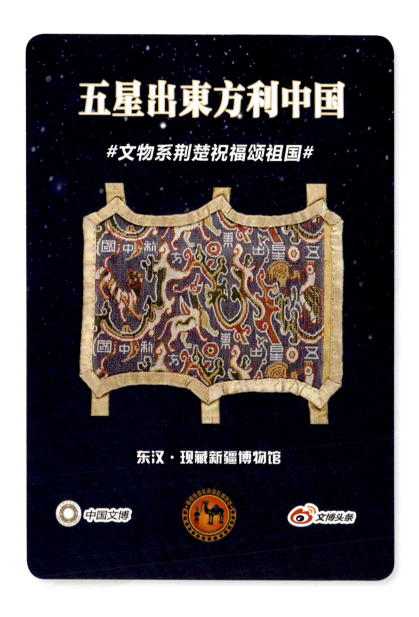

"五星出东方利中国"锦护臂

　　五重经锦面料，白绢镶边，以宝蓝、绛红、草绿、明黄和白色等五组色经织出凤凰、鸾鸟、麒麟、白虎，以及金星、火星等五星星纹和云气纹等大瑞纹样，其间织出"五星出东方利中国"吉语文字，被誉为20世纪中国考古学最伟大的发现之一。织锦图案蕴含着深厚的中华文化内涵，八字吉祥祈语，至今护佑着中华大地。

文物海报发布时间　2020.02.15

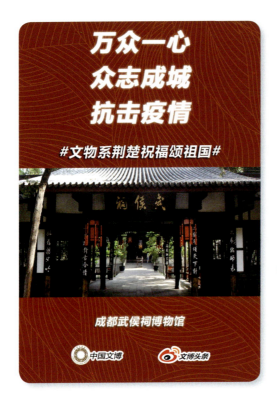

成都武侯祠博物馆

肇始于公元223年建惠陵时,是全国唯一的君臣合祀祠庙和最负盛名的诸葛亮、刘备及蜀汉英雄纪念地,也是全世界影响最大的三国遗迹博物馆,有"三国圣地"的美誉。

文物海报发布时间 2020.02.15

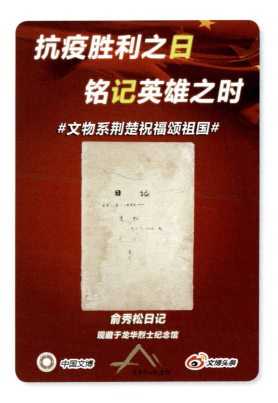

俞秀松日记

俞秀松,上海共产主义小组创建人之一,中国社会主义青年团创始人。他在日记中提到,1920年6月28日,他将陈望道翻译的《共产党宣言》交给了陈独秀,此事让当时处于暗夜中的中国,在通往光明的道路上有了火把。

在此,致敬在前线与疫情抗争的英雄!

文物海报发布时间 2020.02.15

铜立人像

立人像头戴莲花状（代表日神）的兽面纹和回字纹高冠，身着单袖半臂式连肩衣，衣上佩方格状类似编织而成的"绶带"，"绶带"两端在背心处结襻，襻上饰物已脱。衣左侧有两组相同的龙纹，每组为两条，呈"己"字相背状。

春风杨柳万千条，六亿神州尽舜尧。红雨随心翻作浪，青山着意化为桥。天连五岭银锄落，地动三河铁臂摇。借问瘟君欲何往，纸船明烛照天烧。

文物海报发布时间 2020.02.15

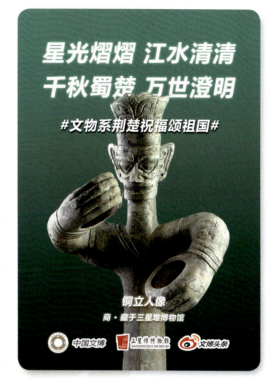

星光熠熠 江水清清
千秋蜀楚 万世澄明

#文物系荆楚祝福颂祖国#

铜立人像
商·藏于三星堆博物馆

中国文博　三星堆博物馆 SANXINGDUI MUSEUM　文博头条

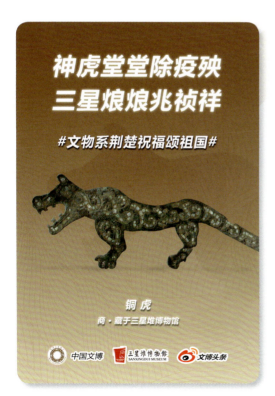

神虎堂堂除疫殃
三星烺烺兆祯祥

#文物系荆楚祝福颂祖国#

铜 虎
商·藏于三星堆博物馆

中国文博　三星堆博物馆 SANXINGDUI MUSEUM　文博头条

铜虎

铜虎巨头立耳，张口露齿，昂首怒目，虎尾下曳，尾尖翘卷，一面微拱呈半浮雕状，光素无纹，另一面全身铸有虎斑纹凹槽，槽内由小方块绿松石镶嵌填充平整。前后腿部拱面有半环纽，应是用以套穿绳线或铜丝，以便悬挂。其造型以简驭繁，气韵生动，不仅说明蜀人对虎的观察相当仔细，也表明虎的形象在其心目中有十分重要的地位。

文物海报发布时间 2020.02.15

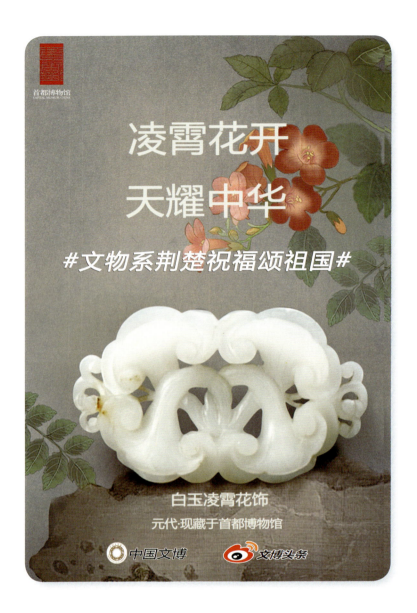

白玉凌霄花饰

　　玉饰正面透雕凌霄花，花瓣肥厚、花茎缠绕。上下各有相互穿通的小孔，可嵌镶。整器造型粗犷凝重，雕、琢、碾、光皆精细。祈祷天耀中华，静待凌霄花开，春满大地。

文物海报发布时间　2020.02.15

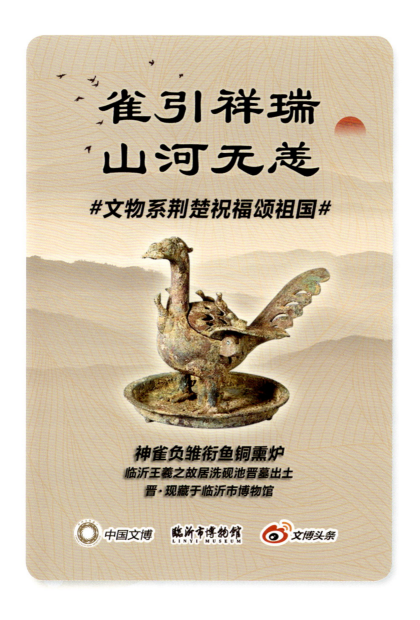

神雀负雏衔鱼铜熏炉

中国人自古就有焚香净气的习俗，借以抑制霉菌、驱除秽气、祛除疾病。此香薰炉造型为朱雀，天之四灵，以正四方，朱雀为南方的守护神。愿雀引祥瑞，山河无恙。

文物海报发布时间 2020.02.15

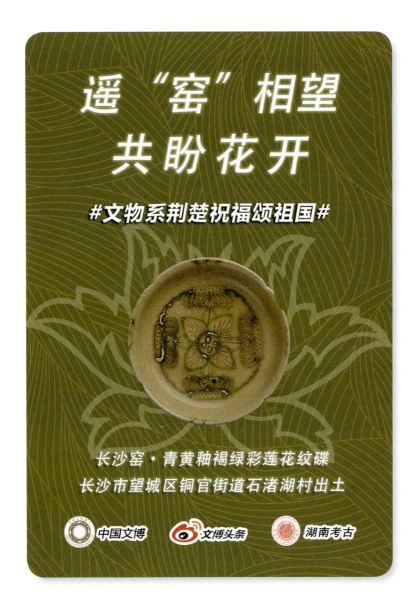

遥"窑"相望
共盼花开

#文物系荆楚祝福颂祖国#

长沙窑·青黄釉褐绿彩莲花纹碟
长沙市望城区铜官街道石渚湖村出土

中国文博　文博头条　湖南考古

长沙窑青黄釉褐绿彩莲花纹碟

　　碟内绘一朵褐绿彩四子八瓣莲花，周围四个相连的莲蓬环绕，葵口间点缀四组褐绿彩兰草纹。莲花寓意吉祥平安，借此祝愿湖北，祝福中国！

文物海报发布时间 2020.02.15

雷火战"疫"
一鼓而下

#文物系荆楚祝福颂祖国#

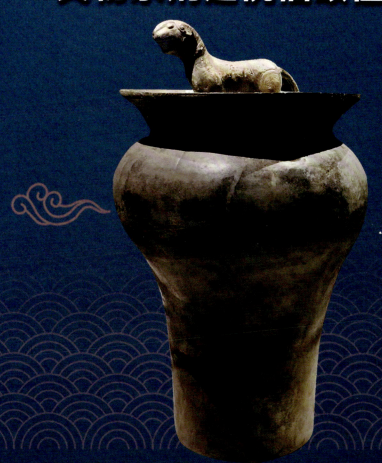

虎钮錞于·宋代仿汉代
现藏于长江文明馆（武汉自然博物馆）

 中国文博　 长江文明馆 The Changjiang Civilization Museum　 微博

虎钮錞于

　　乐器，多与钟、鼓、钲配合使用，以号令军队或鼓舞士气。椭圆盘首，肩部突出，腹部下收作椭圆柱形，中空。钮作猛虎形。虎钮錞于是巴民族的特有乐器。古代巴族崇拜白虎，将其作为图腾加以崇拜，并铸造于器物之上。如今，军鼓号令，九州同心，雷火战"疫"，一鼓而下，克疫制胜。

文物海报发布时间 2020.02.15

舞蹈纹彩陶盆

口内沿壁绘两组手拉手的群舞人体图案，一组 13 人，一组 11 人。人物身着圆球形装束，画面构图巧妙简洁，生动描绘出一幅原始人群集体舞蹈的场景，是研究中国原始社会人物风情的重要历史资料。

即使千年过去，这样的舞蹈并没有消失。面对疫情，携手同心，勇毅笃行。

文物海报发布时间　2020.02.15

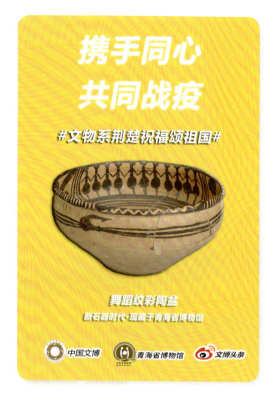

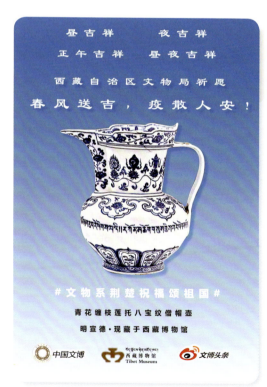

青花缠枝莲托八宝纹僧帽壶

因壶口形似僧帽，故称"僧帽壶"。通体饰青花纹样，内口沿绘缠枝莲纹，外口沿绘串枝莲纹，腹部书藏文吉祥经文一周，颈部为变体莲瓣纹，足墙饰卷草纹。器底青花双圈书"大明宣德年制"六字二行楷书款。以藏文作装饰题材，始于明代永乐景德镇窑，内容主要是藏传佛教中的经文、祈祷吉语等，器皿多作寺庙供器。

文物海报发布时间　2020.02.15

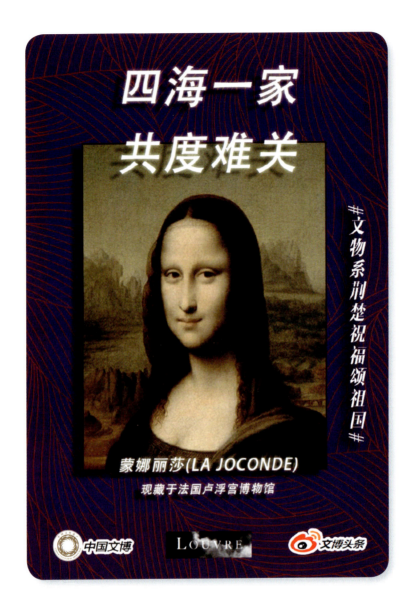

蒙娜丽莎(LA JOCONDE)
现藏于法国卢浮宫博物馆

蒙娜丽莎（LA JOCONDE）

卢浮宫博物馆用镇馆之宝，意大利天才艺术家达·芬奇的世界名画《蒙娜丽莎》(La Joconde)参与本次接力活动。卢浮宫博物馆虽是一座海外博物馆，但中国游客始终是卢浮宫博物馆的重要组成部分！此刻我们的心和中国在一起，和武汉在一起！四海一家，共渡难关，卢浮宫博物馆与您同在。我们感谢奋斗在抗疫一线的各行业人员，你们展现给了世界中国的凝聚力以及行动力！我们衷心希望您平安健康，凯旋！我们感谢您一直对于卢浮宫博物馆的大力支持，等待疫情散去后，我们在法国巴黎等待着您的到来！

文物海报发布时间 2020.02.16

飞天

　　飞天，是敦煌壁画中最具代表性的形象，指飞于空中，以歌舞、香花等供养诸佛菩萨之天人，有升腾、开朗、乐观之意，是一种祥瑞的象征。飞天在造型上集合了人间最善良、最美丽的形象，使人觉得亲切并产生佑护感。

文物海报发布时间 2020.02.16

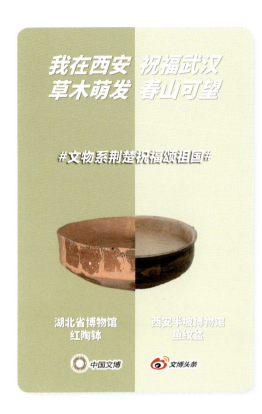

红陶钵 / 鱼纹盆

　　西安半坡博物馆藏鱼纹盆绘两组鱼头相对,鱼身左右对称排列组合图案。除鱼眼外,鱼身体各部分完全以直边三角形表现。这种抽象化的鱼纹出现于半坡文化晚期,是由早期写实的鱼纹演变而来。从对泥土的把弄开始,人类就具备了认识自身创作万物的非凡能力。现在,是人类历史上艰难的时刻,我们要咬紧牙关,坚守岗位,建造阻挡病毒的铜墙铁壁。

文物海报发布时间 2020.02.16

"菅邑家"鼎/上林鼎

　　鼎,用于煮盛物品,或置于宗庙作铭功记绩的礼器。西安博物院藏上林鼎为上林苑所造,器铭勒造器号。盖面中部有"上林第廿六"纵向五字铭文,上腹阴刻铭文35字。

　　以鼎为证,没有一个冬天不可逾越,没有一个春天不会到来!

文物海报发布时间 2020.02.16

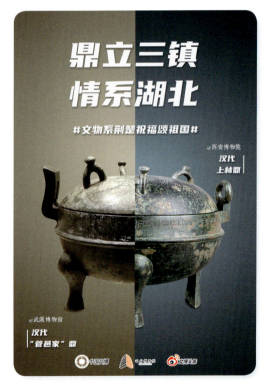

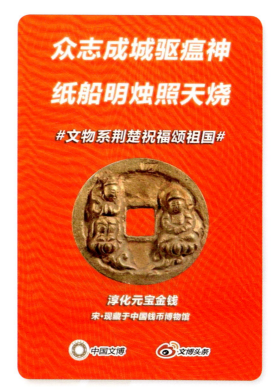

众志成城驱瘟神
纸船明烛照天烧

#文物系荆楚祝福颂祖国#

淳化元宝金钱
宋·现藏于中国钱币博物馆

中国文博　　文博头条

淳化元宝金钱

　　钱币背面的佛像凸出雕刻，一坐一立于祥云缠绕的莲花宝座上，神态逼真。

　　大疫当前，只有无私奉献、勇于面对，才能共渡难关；感恩包容、互相关怀，终将迎来光明与希望！

文物海报发布时间　2020.02.16

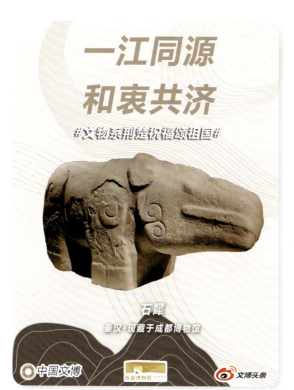

一江同源
和衷共济

#文物系荆楚祝福颂祖国#

石犀
秦汉·现藏于成都博物馆

中国文博　　成都博物馆　　文博头条

石犀

　　石兽马嘴象耳，四肢粗短，下颌及前肢躯干雕刻卷云纹，形状似犀，作站立状，躯干丰满壮实。此件石雕是迄今发现的我国同时期最大的圆雕石刻，相传是镇守都江堰的"神兽"。一汪江水，连接天府之国和荆楚大地。一江同源，和衷共济。

文物海报发布时间　2020.02.16

硬核抗疫
万象更新

#文物系荆楚祝福颂祖国#

杨芝山款"西园雅集图"核雕
清·现藏无锡博物院

中国文博　無錫博物院 WUXI MUSEUM　文博头条

杨芝山款"西园雅集图"核雕

　　胡桃果核质，以"西园雅集"为蓝本雕刻，再现北宋文坛泰斗苏轼、苏辙兄弟所组织的文人集会。核雕物小势大，唯有"硬核"抗疫，才会万象更新。

文物海报发布时间 2020.02.16

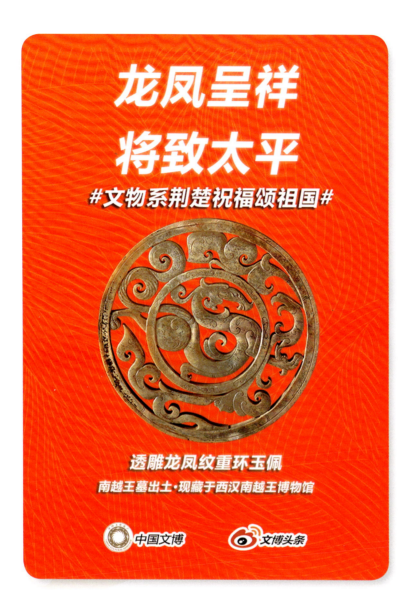

龙凤呈祥
将致太平
#文物系荆楚祝福颂祖国#

透雕龙凤纹重环玉佩
南越王墓出土·现藏于西汉南越王博物馆

中国文博　　文博头条

透雕龙凤纹重环玉佩

　　南越王墓出土。出土时覆盖在墓主玉衣头罩上，内圈雕刻一条龙，龙的前爪伸出圈外，上站立一只凤鸟，回头与龙互相凝视。整个玉佩构图匠心独具、和谐灵动。

　　"龙凤呈祥"出自《孔丛子·记问》："天子布德，将致太平，则麟凤龟龙先为之祥。"借此祝愿山河无恙，人间清平。

文物海报发布时间 2020.02.16

福鹿呦鸣
披荆斩棘

#文物系荆楚祝福颂祖国#

玉鹿

西周·现藏于宝鸡青铜器博物院

中国文博   宝鸡青铜器博物院   文博头条

玉鹿

青玉质。两面磨光，以阴线雕出玉鹿的圆目、鼻、口、蹄等纹。鹿角分枝，蜷曲直上，前胸微凸，后背拱起，后股前屈，蹄足，作奔跑状。福鹿呦鸣，四海升平。同心协力，披荆斩棘！

文物海报发布时间 2020.02.16

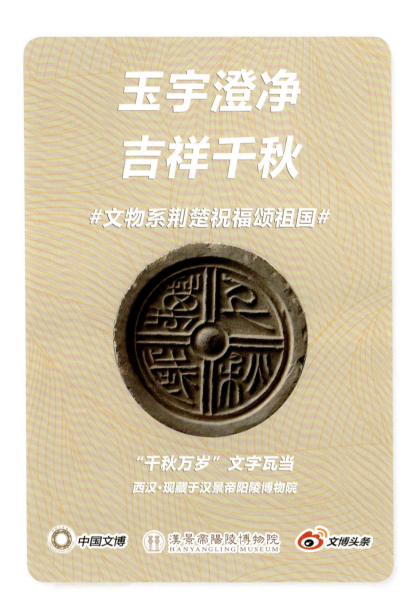

玉宇澄净
吉祥千秋

#文物系荆楚祝福颂祖国#

"千秋万岁" 文字瓦当

西汉·现藏于汉景帝阳陵博物院

中国文博　漢景帝陽陵博物院 HANYANGLING MUSEUM　文博头条

"千秋万岁" 文字瓦当

　　汉阳陵出土的文字瓦当上常见有"千秋万岁""长乐未央""与天无极"等吉祥祝福语，充分体现了生活在华夏大地上的人们，自古以来对于美好生活孜孜不倦的追求、向往和企盼。

文物海报发布时间 2020.02.16

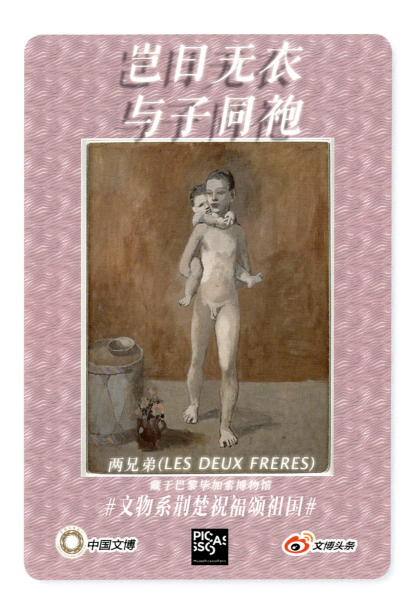

两兄弟

　　这幅作品由毕加索于1906年创作，带有几分北高加索流放故事的忧愁印记，标志着毕加索新风格的逐渐形成。画中哥哥背着弟弟，两人一无所有、相互扶持。巴黎毕加索博物馆借这幅画向我们的中国朋友表达由衷的祝福，让我们万众一心，共同渡过这次难关，早日战胜疫情！我们与大家在巴黎不见不散！

文物海报发布时间 2020.02.17

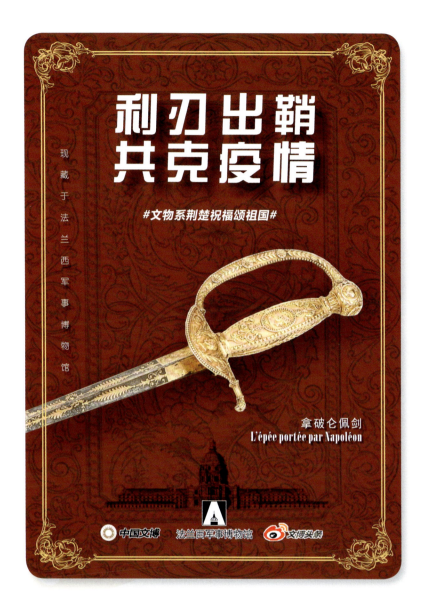

拿破仑佩剑

　　法兰西军事博物馆用拿破仑在著名的奥斯特里茨战役中所佩戴的剑来参加此次接力活动。在这场战役中 75,000 人的法国军队在拿破仑的指挥下，在波西米亚的奥斯特利茨村取得了对 87,000 人俄罗斯 - 奥地利联军的决定性胜利。法兰西军事博物馆心系中国，心系武汉，利刃出鞘，一起共克疫情！感谢大家对法兰西军事博物馆多年来的支持，我们亦会相伴大家度渡过难关，望捷报连连！

文物海报发布时间 2020.02.17

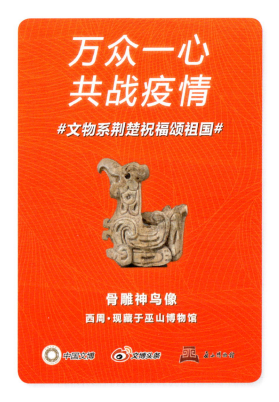

骨雕神鸟像

象牙雕刻，呈神鸟俯伏姿态，头向上昂，嘴大张，仿佛在鸣叫。2001年出土于巫山双堰塘遗址，该遗址是西周时期巴文化十分重要的遗址之一。

文物海报发布时间 2020.02.17

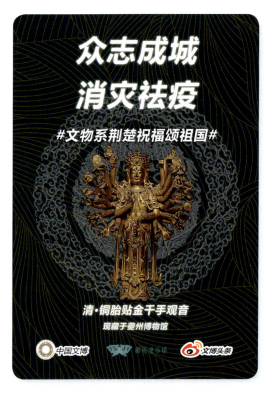

铜胎贴金千手观音

此尊千手观音共有42只手，头戴发冠，手中或执法器或施法印，赤足着地。正中双手施予愿印，能够满足人们所有的愿望。

理圆四德，智满金身。万称万应，千圣千灵。巴楚交融，夔楚同心。

文物海报发布时间 2020.02.17

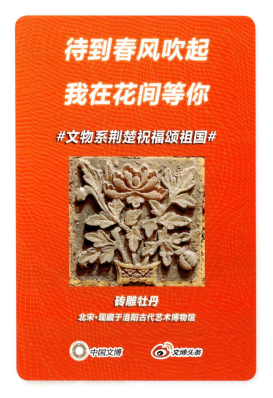

砖雕牡丹

　　北宋时人们酷爱牡丹，不仅广泛种植，还将其雕刻在建筑、墓室中。古人把象征富贵、吉祥、美好、幸福的牡丹雕绘在墓室中，表现了后世子孙对墓主人的拳拳孝心和殷殷祝福。

文物海报发布时间 2020.02.17

红旗 CA72

　　红旗 CA72 是我国汽车工业的标志和里程碑。"如果有一辆轿车，能够赢得整个民族的骄傲，能够承载整个民族的情感，能够牵动整个民族的关注，那么她只能是'红旗'。"

文物海报发布时间 2020.02.17

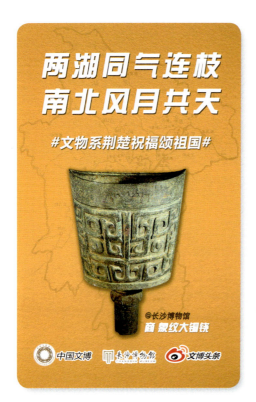

象纹大铜铙

　　铙为乐器，常用于军旅。这件象纹大铜铙是迄今为止我国发现的商周铜铙中最大的一件。两湖同气连枝，南北风月共天！

文物海报发布时间 2020.02.17

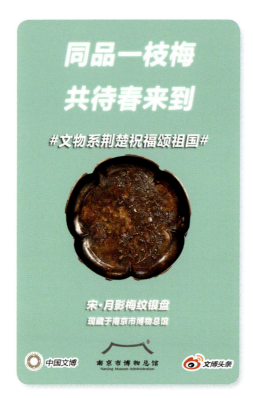

月影梅纹银盘

　　盘口呈五瓣梅花状，盘底纹饰为一树横斜的梅枝、一弯新月和卷舒的流云，营造出月光初照，疏影横斜，娇蕊半放，暗香浮动月黄昏的意境。

　　同品一枝梅，共待春来到。

文物海报发布时间 2020.02.17

凤鸣虎啸
疫去民安

#文物系荆楚祝福颂祖国#

虎座鸟架鼓

战国·现藏于荆州博物馆

虎座鸟架鼓

底座为两只卧虎，昂首卷尾，背向而踞；虎背上分别站立一只长腿长颈的凤鸟，嘴巴微张，仿佛在引吭高歌，鸟腿直立，鸟爪张开抓住虎背；凤鸟中间，一面大鼓用红绳带悬于凤冠之上。凤鸟也称凤凰，是传说中的一种神鸟，为百鸟之王，象征祥瑞。

文物海报发布时间 2020.02.17

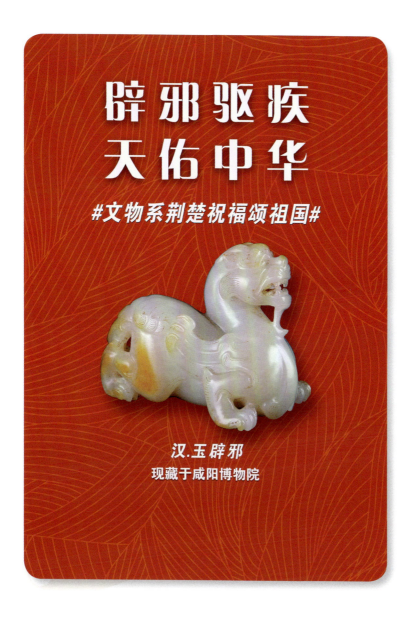

辟邪驱疾
天佑中华

#文物系荆楚祝福颂祖国#

汉.玉辟邪

现藏于咸阳博物院

玉辟邪

以圆雕、高浮雕、阴线刻相结合的手法雕刻而成。辟邪呈俯卧状，昂首挺胸，张口露齿，身披羽翼，形象生动威严，整体肌肉感强，充分表现了辟邪机警凶猛的神态。辟邪是中国古代传说中的神兽，威武凶猛，辟除邪祟。

文物海报发布时间　2020.02.17

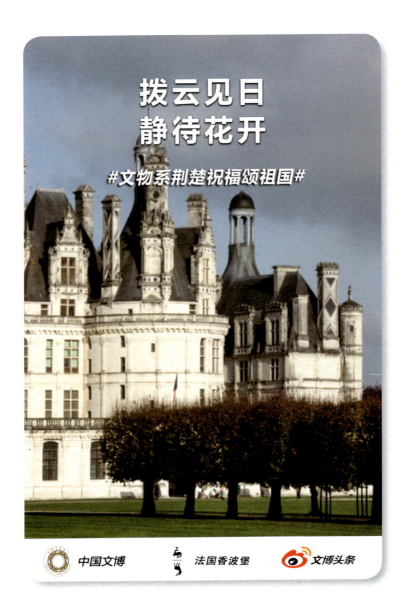

拨云见日
静待花开

#文物系荆楚祝福颂祖国#

中国文博　　法国香波堡　　文博头条

法国香波堡

对于香波堡而言，中国游客一直是最重要的组成部分。从2015年起，香波堡便与颐和园、圆明园签订了友好姐妹协议。作为中国的"海外好友"，香波堡一直关心着中国疫情的发展。

阳光总在风雨后，只盼困境早日过去，让我们静待花开！

文物海报发布时间 2020.02.18

02.18

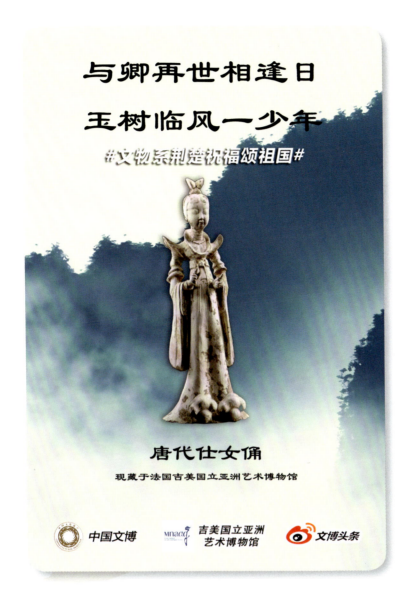

与卿再世相逢日
玉树临风一少年
#文物系荆楚祝福颂祖国#

唐代仕女俑
现藏于法国吉美国立亚洲艺术博物馆

中国文博　吉美国立亚洲艺术博物馆　文博头条

仕女俑

　　这件唐代女俑身材颀长，削肩蜂腰，头梳双鬟，柳眉凤目，高鼻朱唇，颈戴项链。身穿阔袖襦，外罩贡领翘肩半臂，下着曳地长裙，前腰佩绣花蔽膝，臂饰钏镯，双手抬举至胸前，食指伸出，神态虔诚。在青山间翩翩起舞，祈祷中国疫情较快消散，所有的医务人员能够脱下"战袍"，待疫情消散时，吾等必将携手共欢，再述衷肠！

文物海报发布时间　2020.02.18

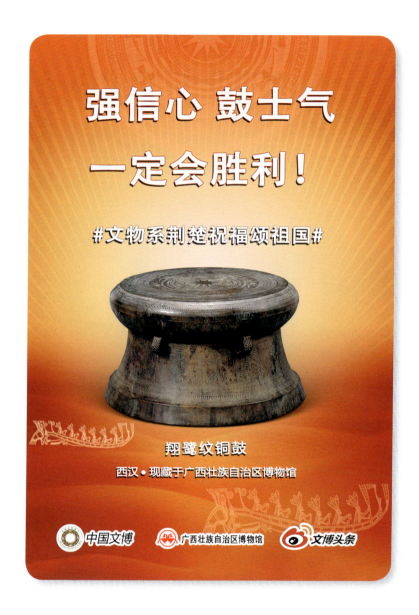

翔鹭纹铜鼓

一省有难，八方支援！抗疫战鼓声声，湖北士气震天，全国齐心抗疫！

文物海报发布时间 2020.02.18

02.18

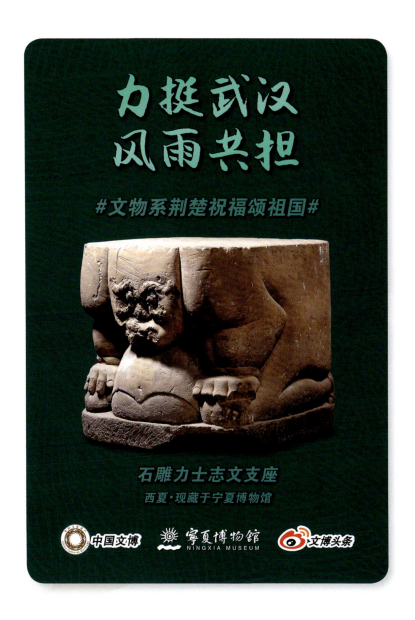

石雕力士志文支座

白砂石圆雕男性力士像，通过坚硬的质地、有力的线条、磅礴的气势等表现了负重者坚忍不拔的毅力，彰显了决不为困难所屈服的气概。寓意全国人民勠力同心，众志成城，风雨共担。

文物海报发布时间 2020.02.18

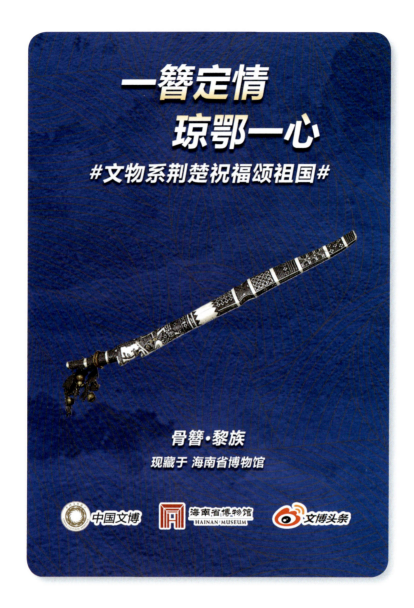

一簪定情
琼鄂一心

#文物系荆楚祝福颂祖国#

骨簪·黎族

现藏于 海南省博物馆

中国文博　海南省博物馆 HAINAN MUSEUM　文博头条

骨簪

　　骨簪，是海南黎族妇女的珍贵头饰，用牛骨或其他兽骨等材质经过多道复杂工序雕刻而成，外形为一侧身人头像。骨簪材质独特，造型别致，雕刻精细，一般是黎族男子手工制作而成，送给女子的定情信物。

文物海报发布时间 2020.02.18

攻 必克
战 必胜

#文物系荆楚祝福颂祖国#

汉阳造步枪

现藏于 辛亥革命武昌起义纪念馆

汉阳造步枪

"汉阳造"步枪由湖广总督张之洞创办的汉阳兵工厂制造，在中国近现代历史上无役不与，是一款闻名中外的战争利器，更是近代中国军工产品的杰出代表。

这把枪不仅代表着"敢为人先"的武汉精神，也必将鼓舞着我们"攻必克 战必胜"，取得打赢新冠疫情武汉保卫战的最后胜利！

文物海报发布时间 2020.02.18

02.18

蜻蜓眼式料管 / 蜻蜓眼纹料珠

　　蜻蜓眼是古代一种饰物的俗称，因其珠子上叠加的圆圈很像是蜻蜓的复眼而得名。孔子博物馆收藏战国蜻蜓眼纹料珠，造型别致，色彩亮丽，流光溢彩。

文物海报发布时间 2020.02.18

楚金郢爰

　　郢爰，古代黄金货币，是楚国的一种称量货币。"郢"为楚都城名（今湖北省荆州一带），"爰"为重量单位。

　　公元前333年，楚威王兴兵"大败越，杀王无疆，尽取故吴地，至浙江"。由此，当时德清一带也被划入楚国势力范围。这件来自楚地的文物，遥望家乡，祝福家乡！

文物海报发布时间 2020.02.18

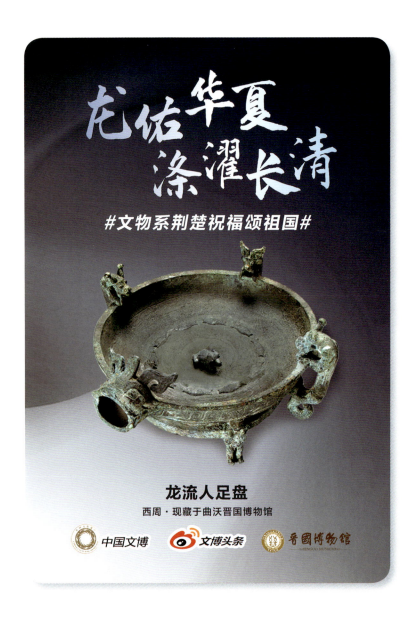

龙流人足盘

西周·现藏于曲沃晋国博物馆

中国文博　文博头条　晋国博物馆

龙流人足盘

龙首流,三条立体角龙攀缘于外壁,器足为四个裸体的半蹲人形,盘内中心铸造了一个圆雕青蛙,外侧饰浮雕的鱼纹,器足内底铸造有两个铃铛,器型独特,颇具匠心。

商周时期祭祀和宴飨时要举行沃盥之礼,侍者手持匜将水徐徐倒下,浇在贵族的手上以洁净双手,弃水最后再流到盘中。时疫当前,病毒肆虐,用流水洗手是预防病毒的重要手段。沃盥之礼意味着中国古代就有了用流水洗手的科学卫生常识。

文物海报发布时间 2020.02.18

02.18

关字瓦当
汉·现藏于中国海关博物馆

"关"字瓦当

　　"关"字瓦当原是汉代函谷关门楼上下垂部分的建筑构件，也是我国古代关隘起源的有力证据。函谷关作为汉代洛阳西去长安要道上的第一站，曾见证了古丝绸之路的辉煌。目前考古发现的"关"字瓦当都出土于函谷关。

　　　　　　　　　文物海报发布时间 2020.02.18

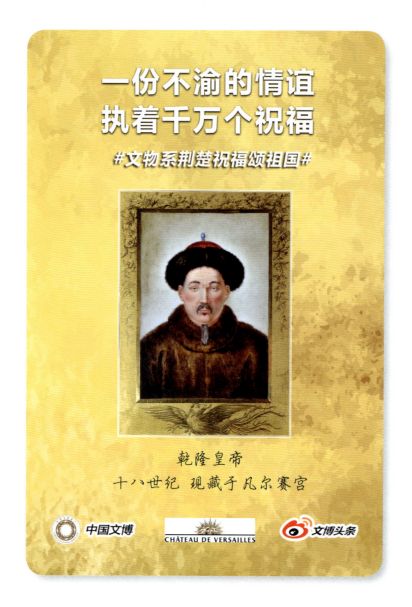

乾隆皇帝
十八世纪 现藏于凡尔赛宫

中国文博　　CHÂTEAU DE VERSAILLES　　文博头条

乾隆皇帝

　　此幅乾隆皇帝的陶瓷版画由查尔斯-埃洛伊·阿瑟林（Charles-Éloi Asselin）根据耶稣会传教士及宫廷画家郎世宁的水粉素描画作所绘，由塞弗尔瓷器厂制作完成。该版画在 1776 年被法国国王路易十六收藏。

　　作品见证了中法两国跨越百年的外交关系。从十七世纪中叶起，中法两国便开始了彼此了解，相互合作的外交情谊。这也让法国掀起了一场真正的"中国热"。此时此刻，凡尔赛宫向远在千里之外的中国朋友们送上最深的祝福：抗疫之战，你我同在！

文物海报发布时间 2020.02.19

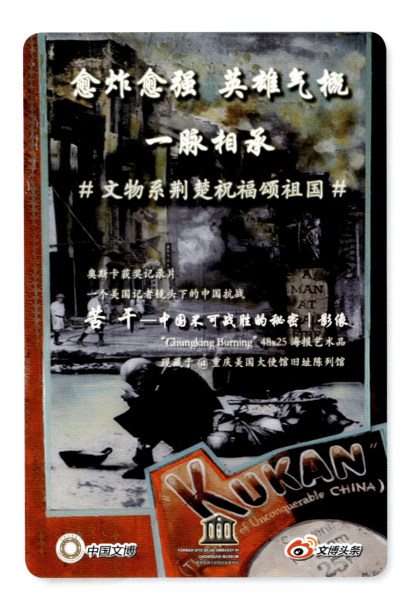

苦干——中国不可战胜的秘密

　　《苦干》是第一部由美国拍摄制作反映中国抗战历史的彩色电影纪录片、第一部由海外华人策划筹资拍摄的电影纪录片、第一部影响美国援华政策的电影作品，也是唯一一部全景反映中国大后方抗战的历史影像画卷。它客观真实地记录了中国抗战大后方的艰难岁月，是一部百科全书式的不可替代的影像史料，具有独特的价值和魅力。

文物海报发布时间 2020.02.19

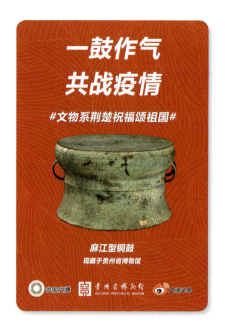

麻江型铜鼓

鼓通体为三段式造型，胴腰间置对称的粗大扁耳一对，鼓面中心为光体，歧出十二芒。胴部饰同心圆及梅花图案，腰饰回纹，足饰同心圆及回纹。该鼓形制为中国八大类型标准器之一。一鼓作气，共战疫情！

文物海报发布时间 2020.02.19

粉彩杏林春燕纹瓶

器身绘迎风翠竹，横斜杏枝，双燕栖息于杏花枝间，构成了一幅大地回春，生机盎然的画面。

燕，古代称为玄鸟，有吉祥之意。燕形象俊俏，飞舞轻盈，尾剪春风，与人友善，是象征春光的吉祥物。

文物海报发布时间 2020.02.19

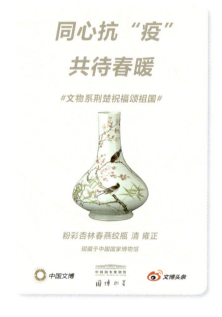

永乐大典

《永乐大典》全书22877卷，目录与凡例60卷，分装11095册，共约3.7亿字，收录了上自先秦、下讫明初的七八千种古代典籍。"合古今而集大成"，规模远超前代所有类书，实为遗书宝库，典册渊薮。

文物海报发布时间 2020.02.19

虎噬鹿纹银饰牌

饰牌高浮雕一只伫立猛虎。圆耳直立、瞪目张嘴，吻部抵在一只匍匐状的鹿头之上，前肢踩踏于鹿背。鹿前肢平伸，面部现惊惧、垂死之情。虎行千里，疫无踪，必凯旋。

文物海报发布时间 2020.02.19

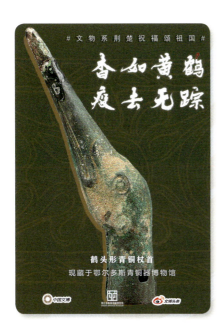

鹤头形青铜杖首

整体呈鹤首形，中空。用于装饰在杆顶或是仗端，是北方游牧民族对图腾崇拜的衍生，是拥有者身份与地位的象征。鹤头形杖首与我国古籍中记载的鸠仗极为相似，也是老者手持的拐杖，成为尊老重学，祝福老人健康长寿的标识物。杳如黄鹤，疫去无踪！

文物海报发布时间 2020.02.19

舞蹈纹立耳青铜鍑

青铜鍑是北方草原游牧民族特有的一种炊具。双耳的设计，满足了北方游牧民族迁徙携带，便于搬动的民族特点。鍑身上半部刻画人形舞蹈纹饰，底部高圈足以承受鍑体，起稳定作用。这类典型的炊具，是北方游牧民族的智慧结晶。

文物海报发布时间 2020.02.19

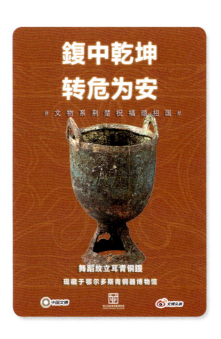

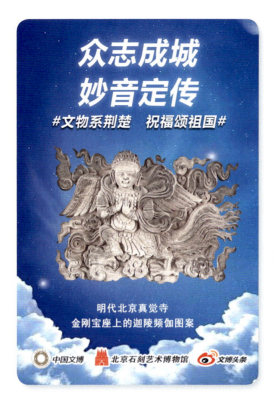

真觉寺金刚宝座上的迦陵频伽

　　真觉寺金刚宝座（五塔寺塔）是第一批全国重点文物保护单位，上面有佛足、迦陵频伽等各种精美的石雕图案。迦陵频伽是佛教中的一种神鸟，因其声音美妙动听，婉转如歌，胜于常鸟，所以佛经中又称为妙音鸟或美音鸟。

文物海报发布时间　2020.02.19

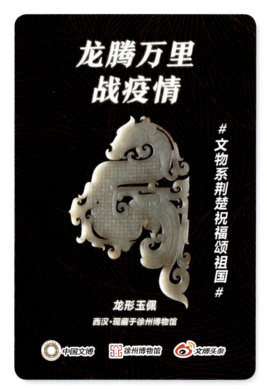

龙形玉佩

　　龙体丰腴，张口露齿，龙爪简化变形，龙尾呈凤尾形。龙身上下透雕云纹，祥云缭绕。整条龙鬃毛飞扬，威风凛凛。楚风汉韵，同气连枝。

文物海报发布时间　2020.02.19

鼓舞相应
共克时艰

#文物系荆楚 祝福颂祖国#

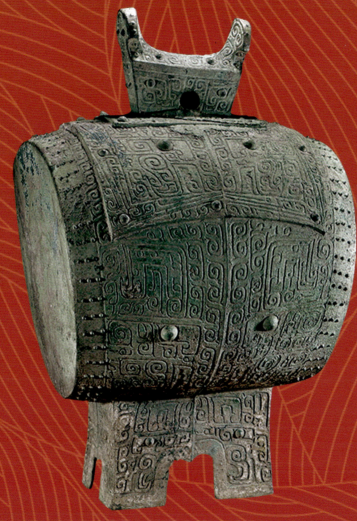

兽面纹铜鼓

商代·现藏于湖北省博物馆

兽面纹铜鼓

　　由鼓冠、鼓身、鼓座三部分组成，仿木质皮鼓的形制。鼓身横置于长方体鼓座上，其上方有凹形弧冠。鼓面仿皮质，无纹饰。鼓腔侧面两端边缘装饰有三周仿皮鼓鼓钉的乳钉纹。鼓身及鼓座饰有细线云雷纹构成的兽面纹。

文物海报发布时间　2020.02.19

02.19

医者无畏
大爱无疆

#文物系荆楚祝福颂祖国#

黎元洪赠武昌首义战地救护者纪念章

民国 现藏于辛亥革命博物馆

中国文博  文博头条

黎元洪赠武昌首义战地救护者纪念章

奖章正面铸"黎元洪赠""武汉纪念章"字样以及红十字标志，背面铸黎元洪戎装像和"Li Yuen Hung"英文字样。这是1912年10月10日武昌起义一周年时，时任中华民国副总统兼鄂省都督的黎元洪，向来自英国的劳拉·贝肯赛尔女士颁发的，以表彰她跨越国界，超越肤色，将人道主义精神发扬光大的伟大精神。

文物海报发布时间 2020.02.19

02.19

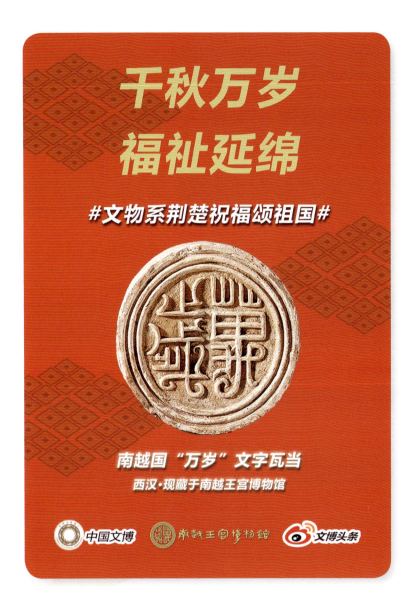

南越国"万岁"文字瓦当

"万岁"是汉代常用的吉祥语,应该是"千秋万岁"的省称,表达了古人对长寿永生、福祉延绵的祈愿。

文物海报发布时间 2020.02.19

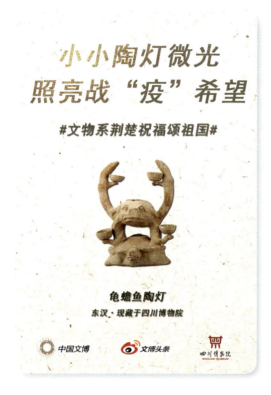

龟蟾鱼陶灯

陶灯造型为最下面的乌龟驮着蟾蜍,蟾蜍两腿上翘,托起两个灯盏;在蟾蜍两侧各有一条直立的鱼,呈曲线弯曲,又分别托起两个灯盏。造型精巧,生动可爱。

在抗击疫情的面前,人人都是一束微光,照亮战"疫"的希望!

文物海报发布时间 2020.02.20

滩头年画《秦叔宝》《尉迟恭》

门神秦叔宝、尉迟恭是中国民间"人气最高"的门神组合,被人们寄予了驱邪挡煞、迎祥纳福的美好心愿。

现实生活中的"门神"无疑是坚守一线的医护人员和每一位在疫情前线的工作者们。感谢这些最美"逆行者"的辛勤付出。

文物海报发布时间 2020.02.20

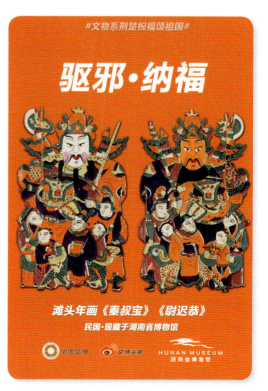

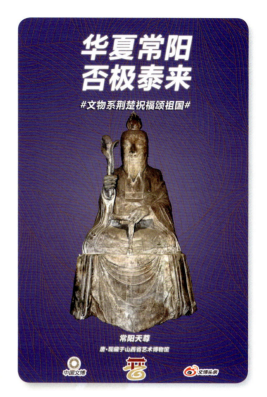

常阳天尊

　　石像以汉白玉雕造。天尊头戴莲花形冠，面相丰颐，细目微眯，长髯垂胸，神态安详慈和。右手执扇和拂尘，左手凭几而放。身着宽大道袍，盘坐于长方形石座之上。此像造型丰颐，线条圆润流畅，具有典型的唐代造像风格。

文物海报发布时间 2020.02.20

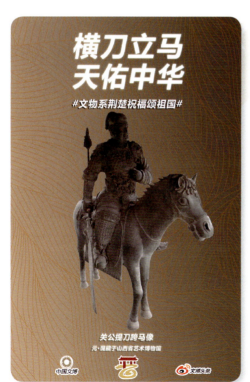

关公提刀跨马像

　　石像抬首昂胸，手提青龙偃月刀，安若泰山却不乏震慑之威。关公不但被佛、儒、道三家称为神，更被历代皇帝加封二十三次之多，由侯加封至圣。宋徽宗封其为"忠惠公""崇宁真君""武安王"，元代封"英济王"等王侯封号。明代万历年间，关羽被封之为"三界伏魔大帝神威远震天尊关圣帝君"。

文物海报发布时间 2020.02.20

七宝烧红底小花瓶

　　瓶为一对，造型奇特，瓶身有两组对称凹线，通体枣红色珐琅地，釉色精致，明灿莹润，所绘树木和花鸟气韵雅致，生机盎然。借此瓶，寓平安、待春晖，祈愿中国大地绿树清风为伴，红花鸟鸣相随！

文物海报发布时间 2020.02.20

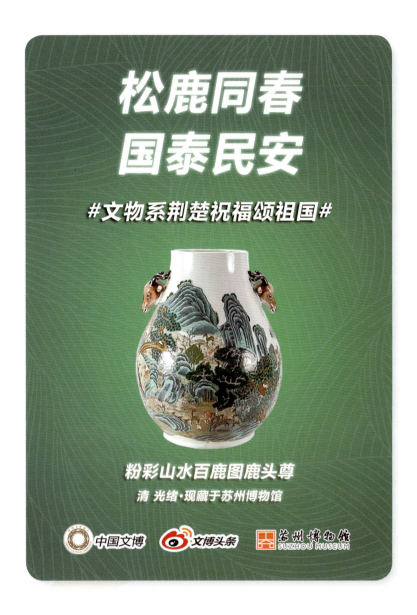

粉彩山水百鹿图鹿头尊

通体施白釉。器身绘粉彩山水苑百鹿图。在青山绿水间，梅花鹿闲散悠然，姿态各异，形象刻画生动。肩部饰鹿首耳。

鹿，音同"禄"，不仅代表长寿，更是政权的象征。因此这件鹿头尊有着福禄双全、松鹿同春等众多吉祥美好的寓意。

文物海报发布时间 2020.02.20

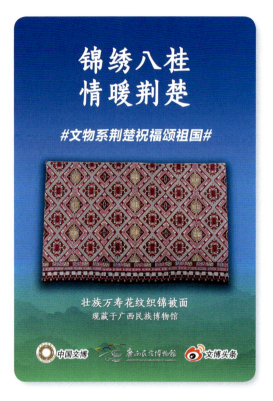

壮族万寿花纹织锦被面

壮锦兴于宋，盛于明清，为中国四大名锦之一。该幅壮锦被面丝棉混织，万字延绵、百花捧寿，广幅大缕、佳丽厚重，寄托着壮乡儿女吉祥深厚的殷殷祝福。

文物海报发布时间 2020.02.20

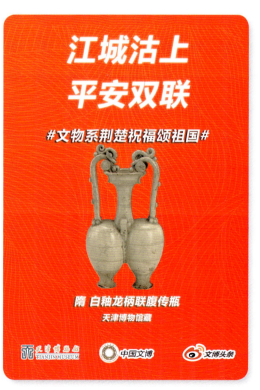

白釉龙柄联腹传瓶

盘口，单颈，双腹相连，连接处有两个环形系。肩左右两侧各塑一条修长的龙形柄，龙头探入瓶口内，似在贪婪地吸吮着瓶中的玉液琼浆，形象生动逼真。因底部铭文"此传瓶，有並"而得名。地虽远隔，心腹相牵。江城沽上，平安"双联"。

文物海报发布时间 2020.02.20

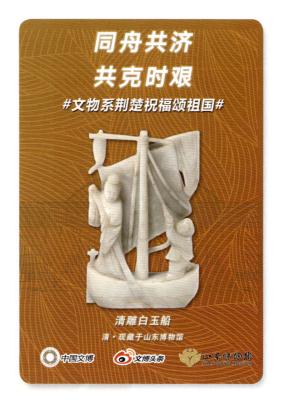

清雕白玉船

　　白玉雕帆船中母子形象，母亲划船，孩子拉帆，寓意母（祖国）子（湖北）同心！同舟共济，共克时艰！

文物海报发布时间　2020.02.20

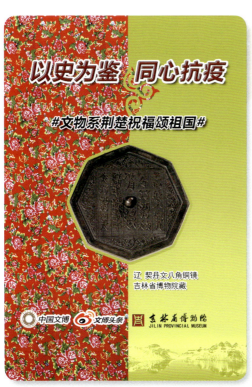

契丹文八角铜镜

　　等边八角形，文字四周装饰卷曲的花草图案，线条流畅，风格古雅，是目前我国发现唯一保存完整，镜面最大、文字最多的契丹文铜镜。铭文"脱超网尘天相吉人"寓意对美的追求和对美好生活的向往。以史为鉴，同心抗疫。

文物海报发布时间　2020.02.20

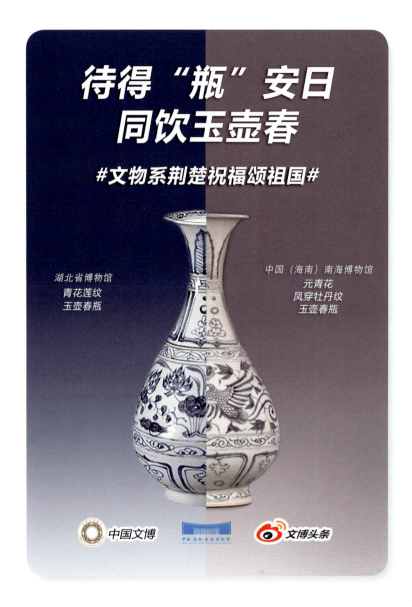

青花莲纹玉壶春瓶 / 青花凤穿牡丹纹玉壶春瓶

　　南海博物馆藏元青花凤穿牡丹纹玉壶春瓶，喇叭口、细颈、垂腹、圈足。外翻的口沿绘卷草纹，颈上部绘蕉叶纹，间以一圈回纹，颈下部绘变形覆莲纹，内填莲纹火珠。腹部主题纹饰为凤穿牡丹纹，上下均饰以一周卷草纹。下腹近足部绘变形仰莲纹，与颈部覆莲纹相互呼应，圈足亦饰卷草纹一周。

文物海报发布时间 2020.02.20

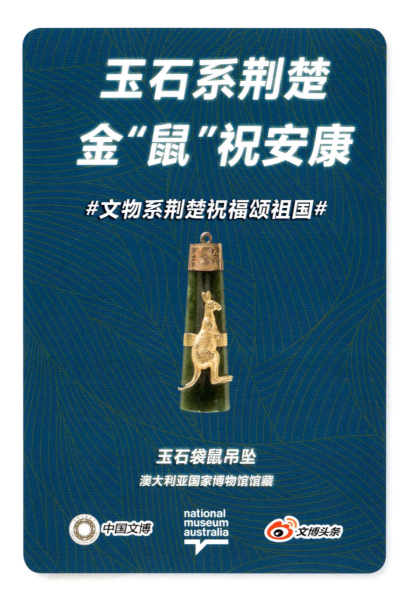

玉石袋鼠吊坠
澳大利亚国家博物馆馆藏

玉石袋鼠吊坠

　　出自澳大利亚国家博物馆的 Terence Lane 系列收藏。制作于 20 世纪初，主体为绿玉玉石，中央为金制袋鼠图案。做工细腻，袋鼠身上的毛发清晰可见。该系列收藏共有 180 余件／套藏品，均是袋鼠主题。

文物海报发布时间　2020.02.20

蓝莲盛开
平安归来

#文物系荆楚祝福颂祖国#

莲花形玻璃托盏
元代·现藏于甘肃省博物馆

中国文博　　　文博头条

莲花形玻璃托盏

　　整器由托和盏两件组成，托边形似八瓣莲花，盏为七瓣莲花，通体为普蓝色半透明玻璃质地，远观若一朵出水芙蓉，在蓝色夜幕下静静盛放。

文物海报发布时间　2020.02.21

在川知乐款五彩鱼莲盘

盘内满绘绿、蓝、红色荷莲、水藻、浮萍及七条游动的红鱼，盘外壁所绘水草与盘内基本相同，间绘同向而游的五条硕鱼，共同构成了一幅生动的"鱼乐图"。盘底有"在川知乐"图章款。整器造型规整，层次丰富，彩色鲜艳。南有嘉鱼，共盼花开！

文物海报发布时间　2020.02.21

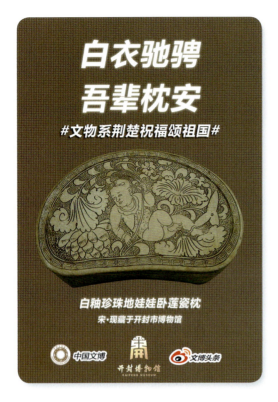

白釉珍珠地娃娃卧莲瓷枕

　　豆形，白地绘赭石色花，枕面周边饰回纹，中间刻划折枝莲花，婴儿仰卧在莲花之上，作玩耍状。前后壁均刻划莲叶纹，后壁有一圆孔。整体造型优美，纹饰生动活泼。

文物海报发布时间　2020.02.21

十二月五彩花卉杯

　　此套杯为十二只压手酒杯，其大小、形制相同，胎质乳白，器薄如纸。器外壁分别饰十二个月中不同花卉，并配以相应诗句，后附"赏"字方印。

文物海报发布时间　2020.02.21

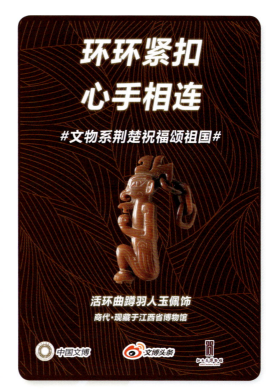

活环曲蹲羽人玉佩饰

　　羽人作侧身屈臂蹲坐，长勾鼻作喙状，顶上扉棱状的高凸冠，顶后部连系三个相套环形成的短链，双膝弯曲蹲坐。这是迄今发现最早的玉"羽人"，因材设计，制作巧妙，掏雕高超，三环相扣，是最早的活链玉器。抗疫路上，我们也是环环紧扣，心手相连，万众一心，众志成城。

文物海报发布时间　2020.02.21

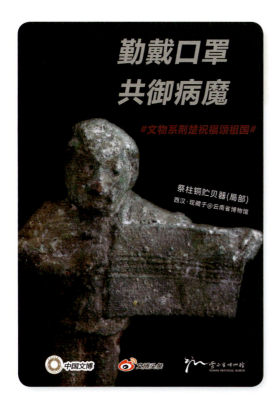

祭柱铜贮贝器（局部）

　　整器纹饰图案繁复，盖上雕铸共34人，造型多样。此局部造像，手持类"布履"之物，伫立在塑像者创造的青铜世界里。手中"布履"化为历史风帆，祭祀仪式里的恐惧与篝火也成为沉滓散去。庚子鼠年，荆楚疫病，历史风帆化为抵御病魔的防线，风帆不止，生机不熄！

文物海报发布时间　2020.02.21

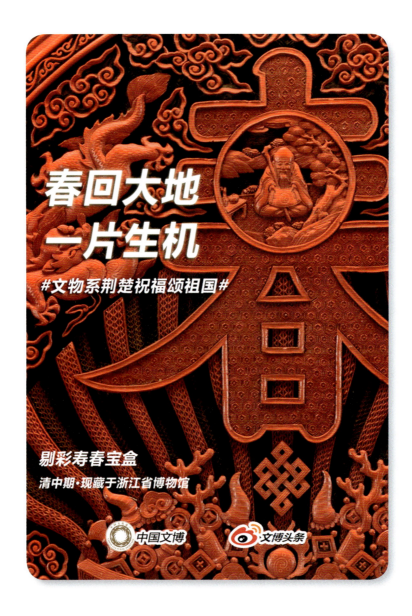

剔彩寿春宝盒

　　盒盖面上雕刻着呈扇形光芒放射的五彩聚宝盆，上托有一个巨大的"春"字，"春"字内有寿星，两边饰云龙纹。盒壁开光内雕刻山水人物纹，聚宝盆内每一道光芒都色彩各异，呈编织效果。阳和起蛰，品物皆春。

文物海报发布时间 2020.02.21

脚踏邪毒
战无不胜

#文物系荆楚祝福颂祖国#

战国·展翅攫蛇鹰
现藏于安徽博物院

中国文博　文博头条　安徽博物院

展翅攫蛇鹰

　　鹰作伸首展翅，两爪抓住一条双尾蛇。翼、尾饰羽纹，造型生动逼真，栩栩如生。脚踏邪毒，战无不胜！

文物海报发布时间　2020.02.21

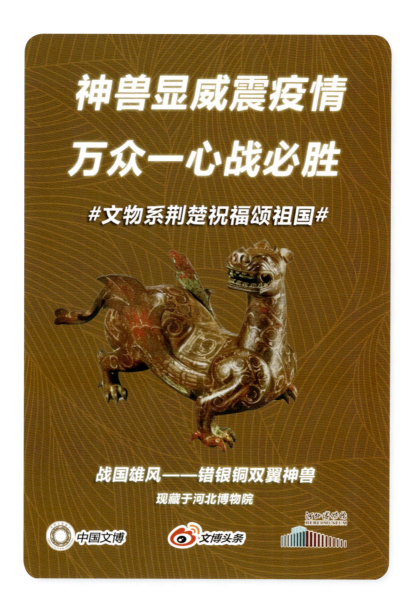

错银铜双翼神兽

　　神兽怒目圆睁，长舌直伸，獠牙外露，圆颈挺立，仿佛在大声咆哮。前胸宽阔低垂，四肢弓曲，利爪怒张，两翼直指长空。周身错银卷云纹千变万化，背部有蜷曲于云中的错银鸟纹。愿神兽显威震疫情，举国上下万众一心，抗"疫"必胜！

文物海报发布时间 2020.02.21

02.21

镶嵌绿松石兽面纹铜牌饰

　　器身呈圆角亚腰形，两侧各有对称环钮，以兽面纹装饰，镶嵌绿松石片。学术界普遍认为这一纹饰表现的是抽象的龙，龙是中华民族的精神图腾，祥瑞的象征。瑞兽呈祥，山河无恙！

文物海报发布时间 2020.02.21

《瑞鹤图》卷

　　图绢本，设色绘彩云缭绕的宫殿之上十八只翔鹤告瑞、飞舞盘旋之壮观景象。整幅画作赋色浓艳，技法精妙。群鹤翔集，姿态百变，庄严肃穆中透出平安吉祥之气氛。

文物海报发布时间　2020.02.22

织锦仪凤图

　　此件传世织成品以中国传统的工笔翎毛为本，采用丝线、片金线和孔雀羽线，织出凤凰和百鸟纹样，显示了百鸟朝凤的主题。所用织法为元代初创的特结锦，并以妆花形式织入片金钩边，凤凰的形体最大，其首、颈及身均用孔雀羽线织成，百鸟姿态各异，栩栩如生。

　　凤是吉祥和谐的象征，在中华传统文化中代表着祥瑞。

文物海报发布时间　2020.02.22

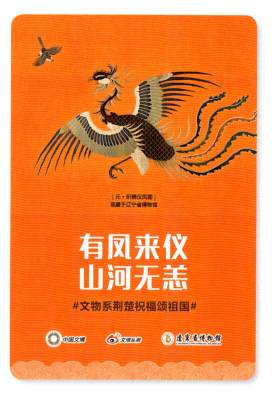

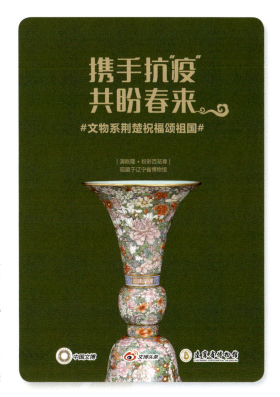

粉彩百花尊

　　粉彩瓷是珐琅彩之外，清代宫廷又一创烧的彩瓷。此粉彩百花尊口外撇，形如喇叭状，细颈、束腰，腹微凸，腹下连接覆钟杯形圈足底座。通体饰粉彩绘牡丹花、杜鹃花、茶花、牵牛花、丁香花、水仙花、石榴花等百花不落地纹，纹饰精美，百花齐放，形态各异，故名百花尊，也称"万花堆"。

　　愿春暖花开时，举国无恙，四海皆欢。

文物海报发布时间 2020.02.22

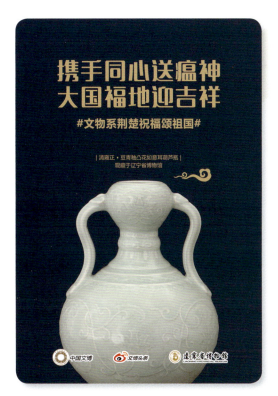

豆青釉凸花如意耳葫芦瓶

　　呈葫芦形，上下腹部以弯曲的如意形耳连接；通体雕花装饰，以缠枝莲纹为主题图案。端庄隽秀，工艺精美。葫芦谐音"福禄"，是富贵的象征，因其属于草本植物，枝茎称为蔓，蔓与"万"谐音，蔓带与"万代"谐音，福禄万代就是"福禄寿"之意，也即"吉祥"之意。葫芦多籽，又寓意"子孙昌盛"。缠枝莲又名万寿藤，因结构连绵不断，故有"生生不息"之意。

　　愿家国平安，如意吉祥。

文物海报发布时间 2020.02.22

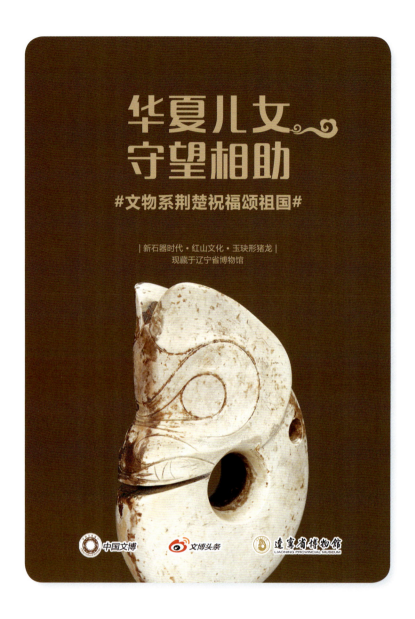

华夏儿女
守望相助
#文物系荆楚祝福颂祖国#

| 新石器时代·红山文化·玉玦形猪龙 |
现藏于辽宁省博物馆

中国文博　　文博头条　　辽宁省博物馆
LIAONING PROVINCIAL MUSEUM

玉玦形猪龙

　　红山文化玉器是迄今为止公认的中国最古老的玉器，玉玦形猪龙是红山文化玉器的典型器。明确出土于墓葬，且多成对佩戴在墓主人胸前，是社会地位、等级、权力的象征，为原始"礼器"。此件是已知红山文化玉玦形猪龙中形体较大，形制最规整的一件。白色蛇纹叶岩质，肥首大耳，吻部前突，口微张，獠牙外露，体蜷曲如环，背部有一对钻圆孔。

　　玉玦形猪龙被认为是龙的最早雏形，龙作为中华民族的精神图腾一直传承到了今天。湖北与辽宁，华夏儿女，龙的传人。面对疫情，凝心聚力，守望相助。

文物海报发布时间　2020.02.22

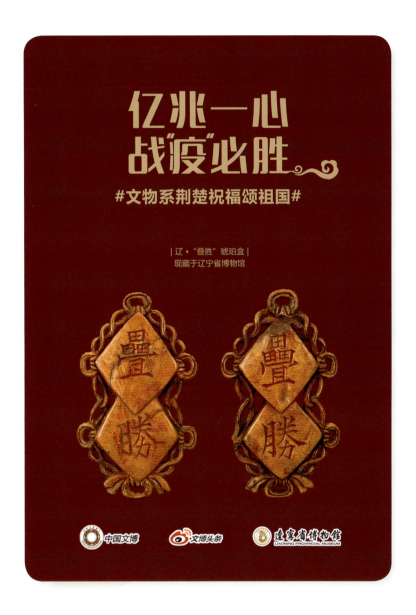

"叠胜"琥珀盒

一盖一底式，有子母口可以扣合，盖底同式，皆阴刻欧体楷书"叠胜"二字，状如双胜相叠。中国古代以菱形类的几何图案花饰为"胜"，寓意吉祥。古人于春日或其他节日，常常剪制胜形图案作为装饰。此盒边缘有绾彩状纹饰，应是节日悬挂或佩带之用。盒内盛装一些具有节日特征的物品，如端午节用的雄黄、艾叶等。此"叠胜"琥珀盒出土于辽宁阜新红帽子乡辽代佛塔天宫，有辟邪、祈福之意与功用。

文物海报发布时间 2020.02.22

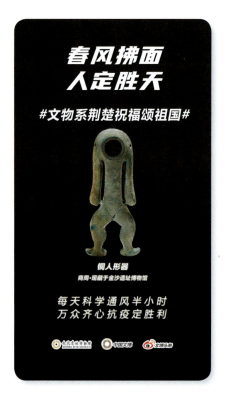

铜人形器

上身瘦削、双手下垂，两只短粗腿外撇，正面凸起，十分立体可爱。虽有人形，却无人头的造型更是奇特，中空无阻，正好可以"通风"。春风拂面，人定胜天！

文物海报发布时间 2020.02.22

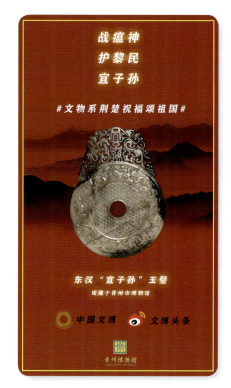

"宜子孙"玉璧

白玉质，间有墨色，圆形出廓，雕刻有夔龙纹和乳丁纹，出廓纽中央透雕篆书"宜子孙"三字。战瘟神，护黎民，宜子孙！

文物海报发布时间 2020.02.22

金怪兽

　　黄金制成。身体似羊，嘴似鹰，角似鹿，蝎形尾。随着汉代和亲，中原与匈奴族的关系愈发密切，中原文化逐渐渗透到匈奴族的日常生活。这件金怪兽便是中原文化与外来文化交融的显著代表，见证着民族间的友好交流。在抗"疫"的关键时刻，56个民族齐心上下，坚决打好这场没有硝烟的防疫攻坚战。

文物海报发布时间 2020.02.22

1912年汉口款花鸟纹银奖杯

　　杯口饰双凸弦纹，杯身饰六幅花鸟图，工艺精湛、款式别致，展现了当时中国银器制造的匠心独运、巧夺天工。底座外侧刻有"HANKOW 1912 CHINESE RACE CLUB CUP WON BY CAYHURST HC"（译：中国田径俱乐部奖杯，1912年，汉口，获奖者CAYHURST）。

文物海报发布时间 2020.02.22

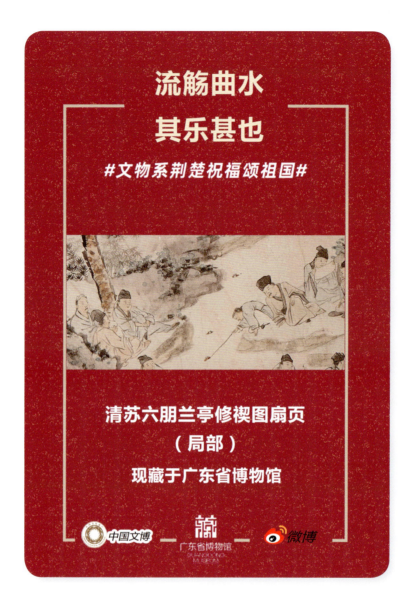

流觞曲水
其乐甚也

#文物系荆楚祝福颂祖国#

清苏六朋兰亭修禊图扇页
（局部）

现藏于广东省博物馆

中国文博　广东省博物馆 GUANGDONG MUSEUM　微博

苏六朋兰亭修禊图扇页（局部）

　　扇面描绘晋朝王羲之等人在兰亭溪上修禊、作
诗、相会的故事。画面兼工带写，勾画出曲水弯弯，
兰亭一角，树木丛生。山峦皴擦简练，临流水而坐
的文人衣纹概括，画法工细。春暖花开，好友相携，
流觞曲水。

文物海报发布时间 2020.02.22

02.22

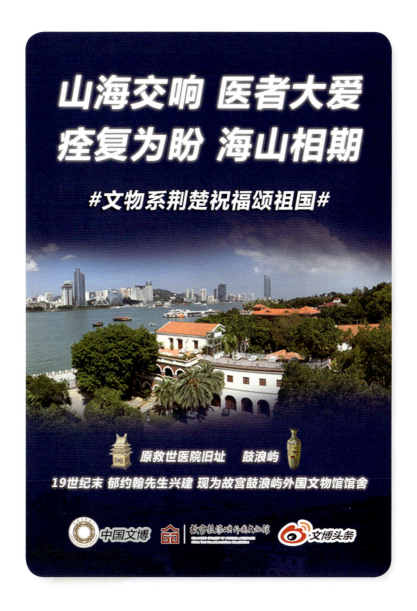

原救世医院旧址

　　始建并开办于 19 世纪末，由美国归正会遴委的首任院长、美籍荷裔郁约翰先生筹备设计、主持并至亲自参与施工营造，是清末已将现代西医西药在华传播，并渐为国人接受的一个见证者。现为故宫鼓浪屿外国文物馆馆舍。

　　　　　　　　　　文物海报发布时间　2020.02.22

邓颖超及西花厅工作人员送给郑勤、李进新的结婚贺幛

邓颖超在这件结婚贺幛上面签名表示祝贺。"八互"是周恩来、邓颖超处理夫妻之间关系的信条,他们将"八互"送给身边工作人员,希望年轻夫妇处理好夫妻间的感情,更好地为人民服务。风雨同舟,并肩战疫,服务人民!

文物海报发布时间 2020.02.22

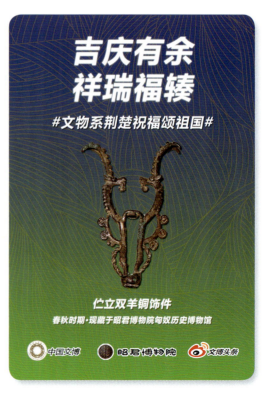

伫立双羊铜饰件

圆雕双山羊侧面形象。作直立相对状,下颚有胡须,双角向后上方弯曲。前蹄环抱,呈圆环,后蹄立于圆环之上,双羊中间形成环状穿孔。颈部至后蹄处饰绳纹。山羊形态逼真,具有典型的欧亚草原游牧文化艺术风格。羊,有"吉祥""丰美"的寓意。

文物海报发布时间 2020.02.22

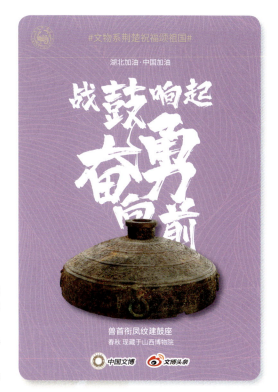

兽首衔凤纹建鼓座

　　建鼓的底部支座，使用时将鼓柱插入銎口内。古代军队作战，立建鼓用以指挥进退。

　　在这场战"疫"中，我们每个人都是战士。战鼓响起，奋勇向前！

文物海报发布时间　2020.02.22

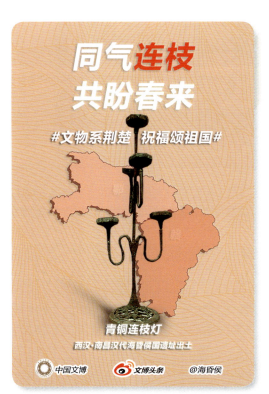

青铜连枝灯

　　铜灯上分层伸出枝条，枝头托灯盘，盘中常见立烛钎。树干的顶端亦置灯盘，树干下附灯座。以灯盘数目，可称为"五枝灯"。汉代十分流行连枝灯，多用于贵族夜宴、仪式照明。

文物海报发布时间　2020.02.22

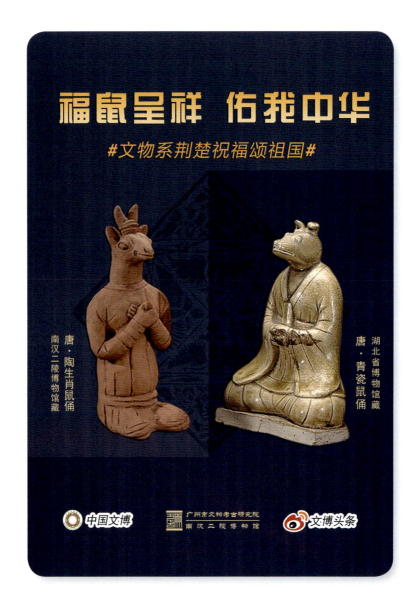

福鼠呈祥 佑我中华

#文物系荆楚祝福颂祖国#

唐·陶生肖鼠俑
南汉二陵博物馆藏

湖北省博物馆藏
唐·青瓷鼠俑

中国文博

广州市文物考古研究院
南汉二陵博物馆

文博头条

陶生肖鼠俑 / 青瓷鼠俑

这对鼠俑一有冠、一无冕；一持叉手礼、一拱
手持笏；一紧身束衣、一褒衣博带。虽形象有别，
但都代表了吉祥和守护。福鼠呈祥、必佑中华。

文物海报发布时间 2020.02.23

02.23

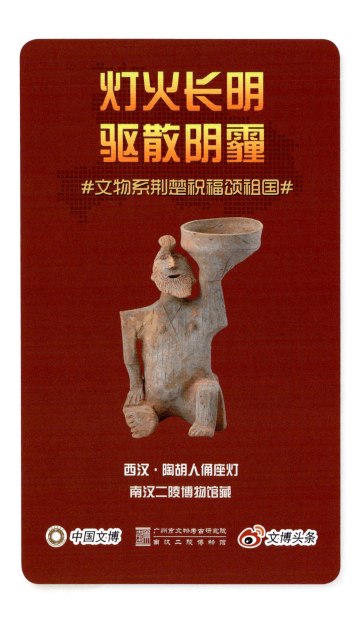

陶胡人俑座灯

　　灯座为一胡人的形象，具有明显的异域风情，随葬墓中，作长明灯，胡人形象又体现出墓主人的家庭富贵。灯火长明，霾退云开。

文物海报发布时间　2020.02.23

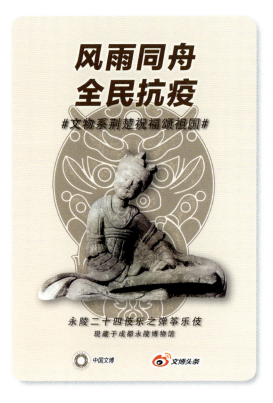

永陵二十四伎乐之弹筝乐伎

筝是我国中原古老的传统乐器，由瑟演变而来，形似瑟而形体略短小，声音较瑟响。弹奏时，用手指（需戴假指甲）弹奏通常称搊筝，以右手指拨弦，左手用按、捺等手法发出乐音。

文物海报发布时间 2020.02.23

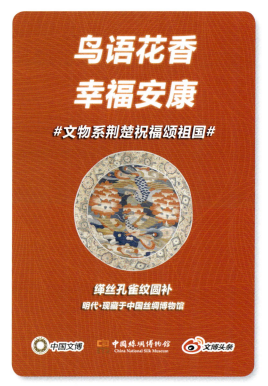

缂丝孔雀纹圆补

采用平缂、绕缂等技法，通经回纬缂出一对孔雀（文三品官员朝服上的补子图案）盘旋于牡丹和云纹中。孔雀寓意吉祥如意，牡丹寓意富贵平安，此物为我们呈现了一幅鸟语花香，春意盎然的美景。鸟语花香，幸福安康！

文物海报发布时间 2020.02.23

天官赐福石雕

　　天官是授福禄的神人，天官大帝手执"天官赐福"四个大字横幅，背靠花团锦簇的"福"字，祥云和五只蝙蝠环绕，脚下寿桃，象征着"多福多寿"，天官大帝把美好幸福生活赐予人间。

文物海报发布时间 2020.02.23

青玉双凤浮雕匕

　　扁平长条状，色青绿，光润透明，顶端和两侧有对称的脊齿。正背两面均以双勾阴线雕刻上下两只呈侧立姿态的凤鸟，嘴长微曲，高冠圆眼，两翼上翘。线条婉转流畅，造型雅致古朴。

文物海报发布时间 2020.02.23

攘除疫病
庇护众生
#文物系荆楚祝福颂祖国#

现藏於西安碑林博物馆
唐·馬頭明王造像

中国文博　西安碑林　文博头条

马头明王造像

　　三面六臂，獠牙外露，现大忿怒之相，却意在护持众生。古人认为马头明王可攘除疾疫，战胜病苦。

文物海报发布时间　2020.02.23

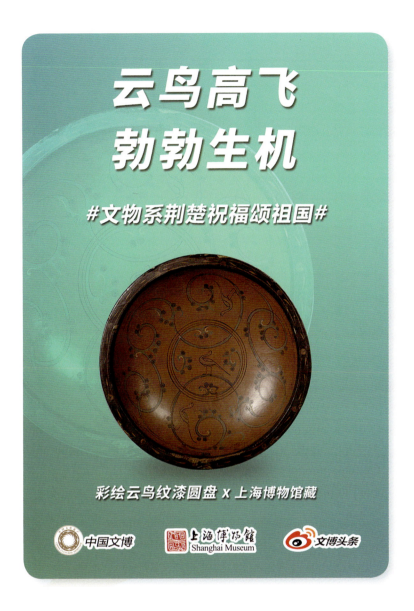

彩绘云鸟纹漆圆盘

    盘内绘大朵卷云纹,中间绘红色小鸟,昂首垂尾,伫立云头。纹饰优美,气势浩大,彰显了生机勃勃的景象。二月春鸟鸣,万物生光辉。

文物海报发布时间 2020.02.23

德化窑妈祖坐像

妈祖头戴方形平顶冠，身穿冕服，肩披帔，正襟端坐；左右侧立千里眼和顺风耳，分作瞭望及倾听状，形象生动传神。妈祖林默娘因扶贫济困，造福民众，保护中外商船平安航行而芳名远播。

文物海报发布时间 2020.02.23

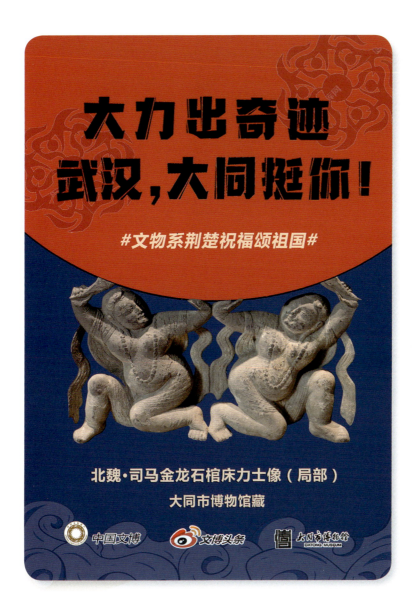

大力出奇迹
武汉,大同挺你!

#文物系荆楚祝福颂祖国#

北魏·司马金龙石棺床力士像（局部）

大同市博物馆藏

中国文博　文博头条　大同市博物馆 DATONG MUSEUM

司马金龙石棺床力士像（局部）

　　这是一组呈承托状的力士像雕于司马金龙石雕棺床中部的床足上。力士身躯矫健，反身相对，呈胡跪状，一手反托上部的瑞兽的兽牙，一手抓着兽面两侧的獠牙，造型生动，雕刻精美。

文物海报发布时间 2020.02.23

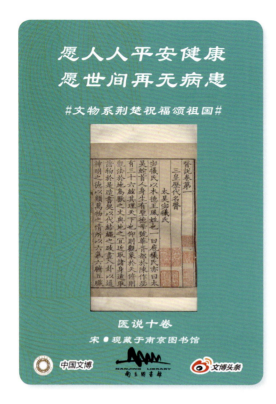

医说十卷

宋●现藏于南京图书馆

医说十卷

　　中医医话、医案类编著作，张杲撰，宋刻本，黄丕烈、丁丙跋。作者广泛收集南宋以前各类著作中有关医书人物、典故传说、医话医案等资料，分类整理而成。作为医话类著作，此书虽辑自众典，但整体仍能保持文风通畅，令人读之有味。

文物海报发布时间　2020.02.24

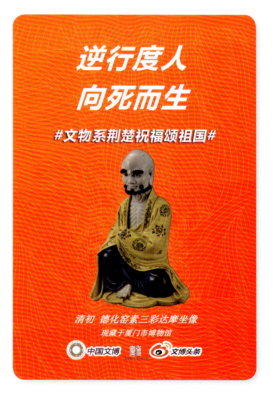

清初　德化窑素三彩达摩坐像
现藏于厦门市博物馆

德化窑素三彩达摩坐像

　　达摩，又称"菩提达摩"，是南北朝时期的天竺僧人。他曾航海入华至广州授徒说法，后又北上嵩山少林寺，面壁静修，并坐化成佛。此塑像大胆运用黄、蓝、黑、白四种素色，极尽技艺地刻画出达摩传法布道时的神圣威严。明清德化窑以生产白瓷而闻名，其白瓷作品较为常见，而如此精致的素三彩塑像实属罕见，极为珍贵。

文物海报发布时间　2020.02.24

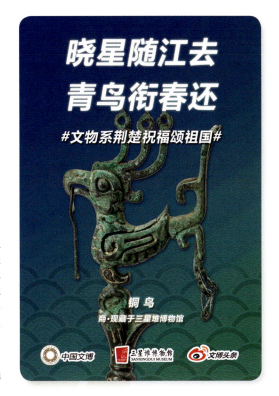

铜鸟

  铜鸟立于果实上，鸟头上扬起三支冠羽，羽尖各穿一孔，借此表现冠羽尖部的彩纹。尾上翘，尾羽向上下各分三支，状如孔雀开屏。立鸟喙中所穿铜丝已脱落，估计铜鸟原是挂饰在某一株小神树上的饰件。愿这只神树枝头的小鸟成为春天的使者，传递古蜀国的祝福，为人间带回光明与温暖。

文物海报发布时间　2020.02.24

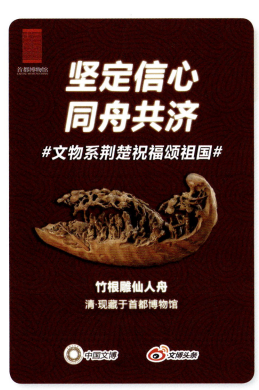

竹根雕仙人舟

  以整块厚竹根随形雕成舟形，刀法圆润，技艺娴熟，刻工简练，31位仙翁神态各异，意趣盎然。互相支撑，守望相助；凝心聚力，共战疫情。

文物海报发布时间　2020.02.24

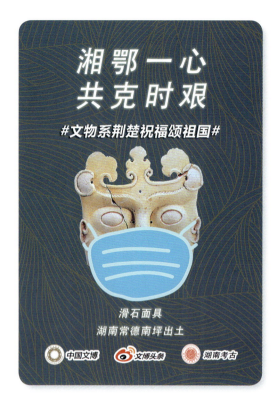

滑石面具

　　滑石质，呈灰白色。面具应是镇墓避邪之物，为平面浮雕，刀法娴熟，刻工精致。疫情未到拐点，防控不能松懈！

文物海报发布时间　2020.02.24

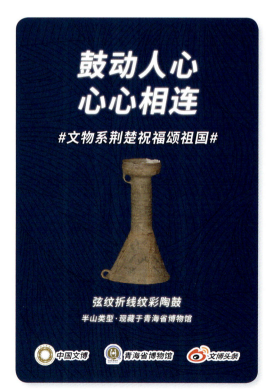

弦纹折线纹彩陶鼓

　　一端喇叭口，一端盘口，筒状长腰身相连。两端口沿处有蒙兽皮用的凹槽和倒钩，并附上下双耳，用以系绳悬挂在身上。这是世界上最古老的原始打击乐器。

　　同饮一江水，青鄂一家亲！为战"疫"鼓劲，奋勇向前。

文物海报发布时间　2020.02.24

02.24

诸邪莫近
息灾增祥

#文物系荆楚祝福颂祖国#

绿度母鎏金铜像 清代

现藏于长江文明馆（武汉自然博物馆）

 中国文博  长江文明馆 The Changjiang Civilization Museum  微博

绿度母鎏金铜像

　　铜像头戴五叶冠，双目微开，神态娴静自然。上身袒露，佩戴璎珞、臂钏等饰品，坐于仰覆莲座，右腿下踏小莲台。头略向右偏，腰肢稍扭，展现了女性的柔美。右足下垂，传说是她随时准备为世人消灾祛祸。愿春来，疫去，山河无恙！愿情存，疫散，你我安然！

文物海报发布时间　2020.02.24

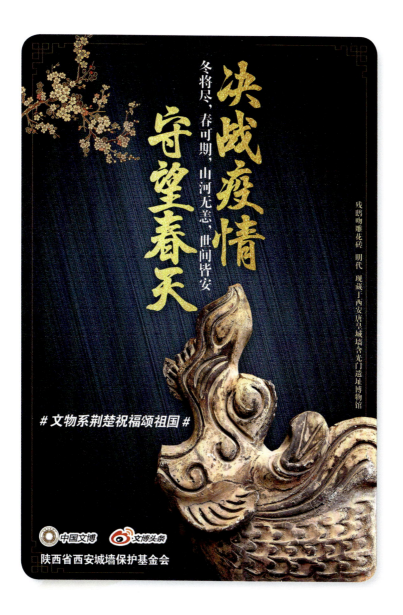

残鸱吻雕花砖 明代 现藏于西安唐皇城墙含光门遗址博物馆

#文物系荆楚祝福颂祖国#

决战疫情
守望春天

冬将尽，春可期，山河无恙，世间皆安

中国文博 文博头条

陕西省西安城墙保护基金会

残鸱吻雕花砖

　　鸱吻，又称螭吻、鸱尾等，中国古代神话传说中的神兽。龙头鱼身，善吞火，好登高远望。古人将其形象置于屋顶，似张开大吻，吞住屋脊，又得名"吞脊兽"，具有防火灾、驱魑魅、护家宅之意。

文物海报发布时间 2020.02.24

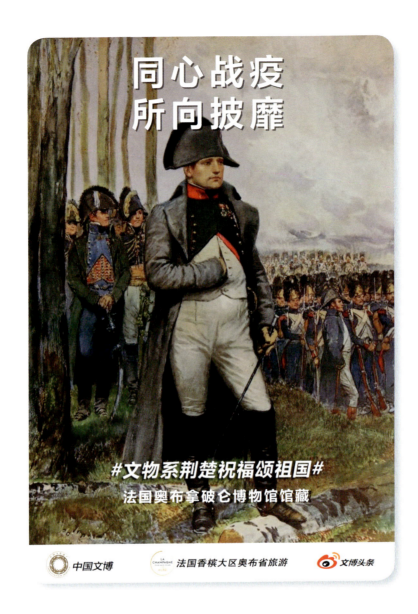

拿破仑一世观看皇家卫队阅兵

　　"最困难之时，就是我们离成功不远之日"，战无不胜的拿破仑曾如此鼓舞士气。面对疫情，这位奋斗一生的英雄与中国人民并肩同行，共克时艰，众志成城必所向披靡！

文物海报发布时间　2020.02.25

聚沙

此画面源自于敦煌莫高窟第23窟，表现的是童子"聚沙为塔"，四个憨态可爱的孩童穿着肚兜，合力堆起一座沙塔。此亦是一种善缘，细如沙粒的善行，正是筑起巨大力量的基石。面对困难，将你我心中的善意化为善行，聚慈悲之沙，为力量之塔。众志成城，共克时艰。

文物海报发布时间 2020.02.25

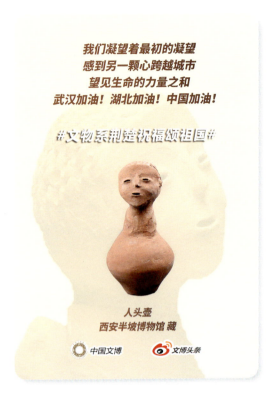

我们凝望着最初的凝望
感到另一颗心跨越城市
望见生命的力量之和
武汉加油！湖北加油！中国加油！

#文物系荆楚祝福颂祖国#

人头壶
西安半坡博物馆 藏

中国文博 文博头条

人头壶

人头与壶浑然一体，眉目清秀，鼻梁修长，双目上视，嘴唇上翘，发型以扁平锥刺纹表示，刻画出一个鲜活真实的仰韶文化时期人类面容，人头与壶身结合酷似一个孕妇，体现了母系氏族社会对女性和人类繁衍的重视。

初生如光明照耀，死亡如黑夜降临。人类一次次地发出悠长的疑问，也一次次地溶解在沉重的泥土。根源于对生和死的思考，人类开始了对自我的凝望。

文物海报发布时间 2020.02.25

鎏金凤鸟铜锺 / 彩绘云凤纹漆圆壶

西安博物院藏铜锺通体鎏金，器盖上立一凤鸟，口中衔珠。锺里残存有26公斤西汉美酒，酒的色泽依旧翠绿清澈，香气浓郁。经鉴定，其酒精含量为0.1%，为研究西汉历史和中国古代的酿酒技术、酒文化提供了重要的实物资料。铜锺与圆壶都是古人储藏美酒的容器，待到完全胜利重逢时，把酒言欢敬英雄。

文物海报发布时间 2020.02.25

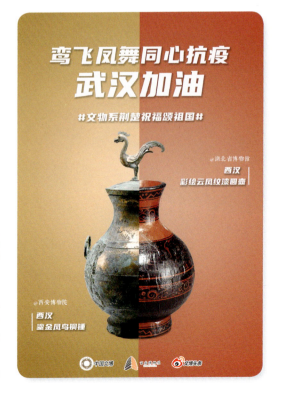

鸾飞凤舞同心抗疫
武汉加油

#文物系荆楚祝福颂祖国#

湖北省博物馆
西汉
彩绘云凤纹漆圆壶

西安博物院
西汉
鎏金凤鸟铜锺

中国文博 文博头条

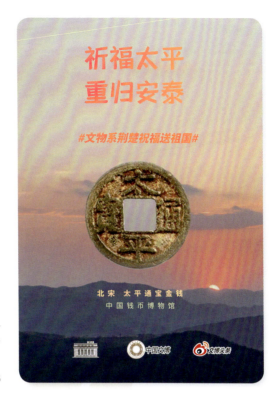

北宋　太平通宝金钱
中国钱币博物馆

中国文博　文博头条

太平通宝金钱

　　太平，因语意吉祥，中国历史上曾多次作钱文使用，既有流通钱也有民俗钱。太平通宝，铸于宋太宗赵光义太平兴国年间（976~984年）。

文物海报发布时间　2020.02.25

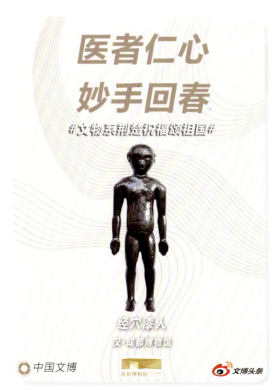

中国文博　成都博物馆　文博头条

经穴漆人

　　人像裸身直立，五官清晰，体形匀称，手臂垂直放于两侧，五指并齐，掌心向前，双脚呈一字站立；通体髹黑漆，身上刻有纵横复杂的经络线，并刻以圆点标示穴位。医者仁心，以高尚情操、行仁爱之术。为患者祈福，为医者助威，为出征者的凯旋而歌！

文物海报发布时间　2020.02.25

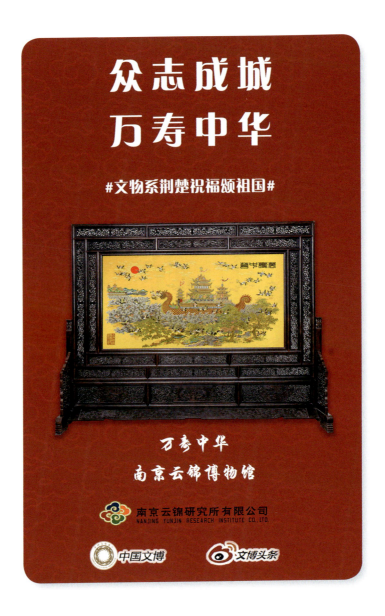

万寿中华

　　作品以昂然奋进的龙船为主体，代表中华民族乘风破浪、坚韧不拔的精神；飞舞翱翔的56只丹顶鹤象征着各民族水乳交融、团结友爱；大海扬波、层峦叠翠，奇松、异柏与彩霞交相辉映，唱颂中华民族的伟大复兴，祈愿风调雨顺，国泰民安。

文物海报发布时间　2020.02.25

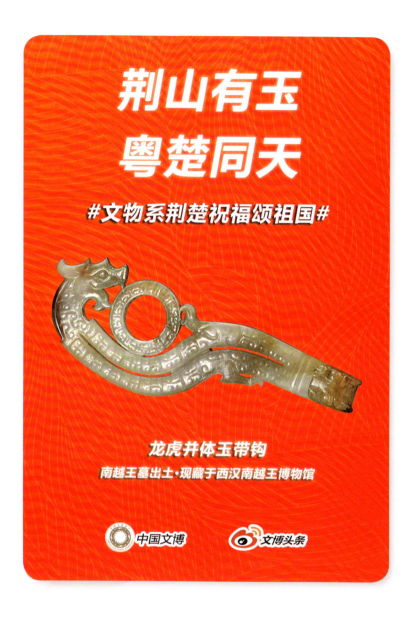

荆山有玉
粤楚同天

#文物系荆楚祝福颂祖国#

龙虎并体玉带钩
南越王墓出土·现藏于西汉南越王博物馆

中国文博　文博头条

龙虎并体玉带钩

　　钩首刻虎头，钩尾刻龙首，龙张口咬环，虎伸爪探环，构成了龙虎争环的造型，可谓匠心独运。

　　粤楚两地，山川殊异而文化同源，也当和衷共济，共克时艰。

文物海报发布时间　2020.02.25

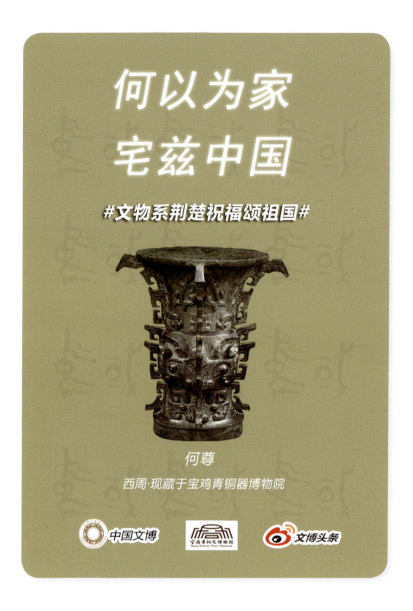

何以为家
宅兹中国

#文物系荆楚祝福颂祖国#

何尊

西周·现藏于宝鸡青铜器博物院

中国文博　宝鸡青铜器博物院 Baoji Bronze Ware Museum　文博头条

何尊

圆口棱方体。腹足有精美的高浮雕兽面纹，角端突出于器表。体侧并有四道扉棱。造型浑厚，工艺精美。尊内底铸铭文12行122字，记述周成王继承周武王遗志，营建新都成周（今河南洛阳）之事。其中"宅兹中国"为"中国"一词最早的文字记载。何以为家，宅兹中国！

文物海报发布时间 2020.02.25

陶塑动物俑·山羊
西汉·现藏于汉景帝阳陵博物院

陶塑动物俑·山羊

　　灰陶质，局部保留有白色、褐红色彩绘痕迹，扁圆身躯，胡须下垂，尾巴上翘，呈现出温顺、可爱之态。

　　中国山羊饲养历史悠久，早在夏商时代就有养羊文字记载。"禮儀"之"儀"嵌入了羊字，《说文》解释羊、祥也。因此，羊也是安泰、祥和的象征。

文物海报发布时间　2020.02.25

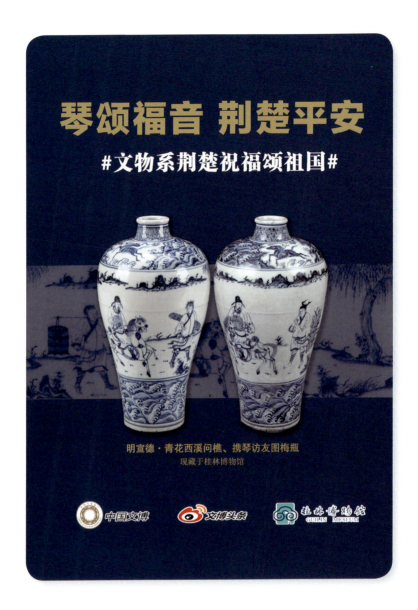

琴颂福音 荆楚平安

#文物系荆楚祝福颂祖国#

明宣德·青花西溪问樵、携琴访友图梅瓶
现藏于桂林博物馆

中国文博　　文博头条　　桂林博物馆 GUIPIN MUSEUM

青花西溪问樵、携琴访友图梅瓶

　　梅瓶腹部主题纹饰描绘俞伯牙、钟子期高山流水遇知音的故事。古有伯牙为知己封琴绝弦，今有武汉为中国封城抗疫，人间的真情如播种般传递、续写！"瓶"寓意"平安"，望以瓶酒之烈驱瘟神，以瓶梅之香迎暖春。

文物海报发布时间　2020.02.26

02.26

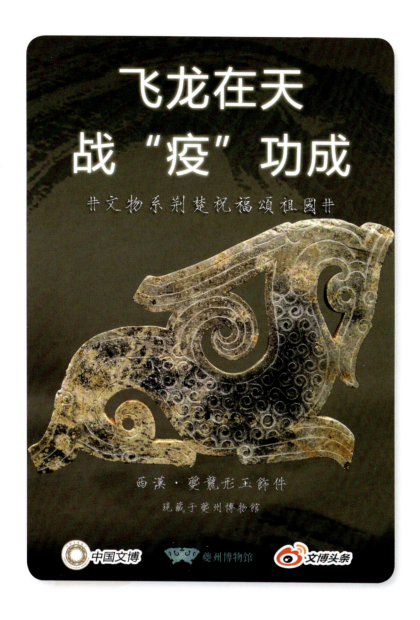

飞龙在天
战 "疫" 功成
‖文物系荆楚祝福颂祖国‖

西漢·夔龍形玉飾件

現藏于夔州博物館

中国文博　　夔州博物馆　　文博头条

夔龙形玉饰件

　　玉饰表面光洁滑润，呈淡黄色，龙作垂首屈身狀，双面雕刻，遍体以隐起手法雕饰勾云纹，立体感极强。龙身中部偏上钻一个透孔，颈部尾部各钻一透孔，可以穿缀，应为组佩的饰件之一。

　　奉节古称夔州，是夔子国的所在地，由楚国国君熊绎的六世孙熊挚的后代所建立。

　　正如《易经·乾卦》所言："飞龙在天，利见大人。同声相应，同气相求。"同声同气，我们在中华民族大家庭里，守望相助，共抗疫情！

文物海报发布时间　2020.02.26

中革军委颁发的二等红星奖章

　　奖章呈两个五角星交错而成的星花状，象征革命的星星之火可以燎原；星花内为五角星和禾穗组成的圆形图案，象征着中国工农红军是中国共产党领导下的工农子弟兵，其宗旨是全心全意为人民服务。

文物海报发布时间　2020.02.26

谷纹玉璧

　　青绿色玉质，圆形扁体中空状，肉宽于好，阴线刻出内外廓，肉内满饰谷纹。古人以玉作瑞信之物，通过"六瑞"祭祀天地四方。远古的巫山，地处峡江，农渔业生产多取决于天气，先民们期望通过天圆、青色（苍色）的玉璧祭天，来表达对天的崇敬、依赖之情。玉璧上成排的雕成涡旋状的密集小乳丁，如同谷物发芽一样，象征着万物苏醒、生机勃勃的景象，也表达了人们对农业丰收和美好生活的盼望之情。

文物海报发布时间　2020.02.26

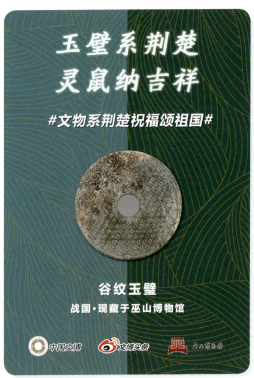

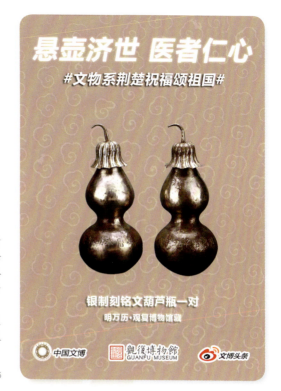

银制刻铭文葫芦瓶一对

　　此对银质葫芦瓶，上小下大，藤叶作盖，与瓶身子母相合。在古人的概念中，葫芦和药、行医有联系。"悬壶"典出《后汉书》，说河南有一老者为人看病时常常悬挂一只葫芦，久而久之，"悬壶"便成了行医的代名词，表露出医者救死扶伤的决心，"济世"则体现了浓浓的人文关怀。

文物海报发布时间 2020.02.26

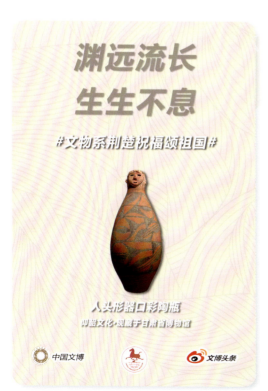

人头形器口彩陶瓶

　　细泥红陶质地，绘黑彩纹饰。瓶口呈圆雕的人头像，短发齐额，五官端正，挺鼻小嘴，面庞秀丽。鼻、眼、嘴皆镂空，双耳各有小穿孔，可垂饰物。造型以抽象的线条与人头像相结合，颇具特色。

文物海报发布时间 2020.02.26

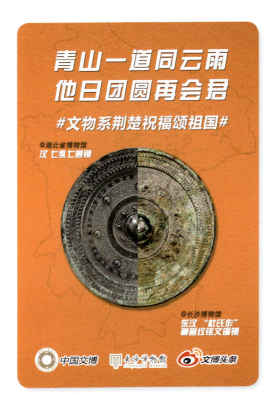

七乳七兽镜/"杜氏作"神兽纹铭文铜镜

　　长沙博物馆藏"杜氏作"神兽纹铜镜，圆形钮座，钮座外分别装饰有振翅欲飞的凤鸟和各色人物活动图，线条优美，栩栩如生。外周一圈铭文："杜氏作镜大毋伤，汉有善铜出丹阳，家当大富……有奇辟不羊，长宜之镜。""辟不羊"即避开不详之意。

文物海报发布时间　2020.02.26

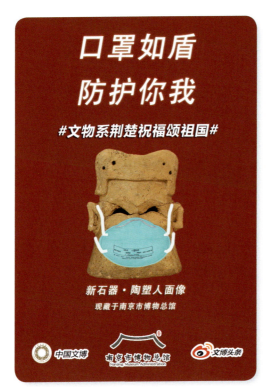

陶塑人面像

　　面部轮廓近似长方形，前额宽平，眼睛深凹、狭长微弯曲，眼眶粗大，鼻梁挺直，鼻翼肥大。耳廓宽厚，嘴巴微张。头戴冠，冠上浅刻纹饰，冠角正反两面均穿小孔，顶部镂空。整个人面像面部轮廓和五官都十分夸张，并有几分神秘的色彩。这是迄今发现南京地区最早的人的塑像，具有很高的艺术价值。

文物海报发布时间　2020.02.26

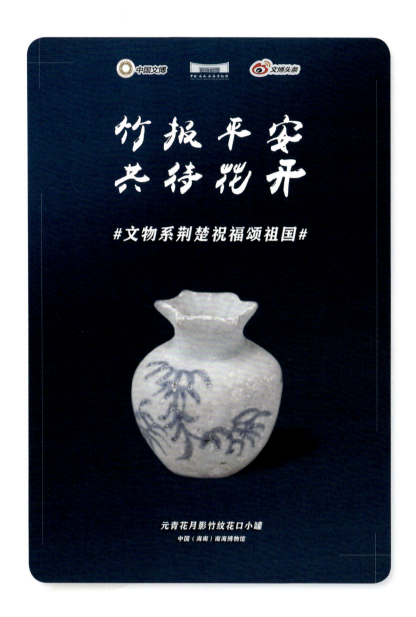

青花月影竹纹花口小罐

小罐花口，束颈，丰肩，鼓腹斜收，平底，腹部绘青花月影竹纹。

文物海报发布时间 2020.02.26

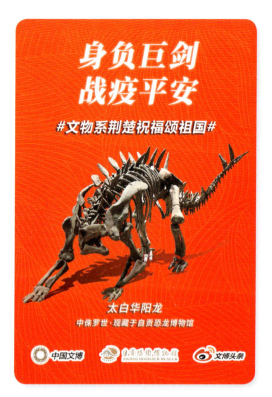

太白华阳龙

世界上已知时代最早的剑龙，其背负剑板，尾长尾刺，寓意着全国人民在危难时刻奋勇抗疫，战胜疫魔，共克时艰。

文物海报发布时间 2020.02.27

"食官"铭铜鼎

鼎作为我国一些地区古人用于烹煮食物的器具，也被视为国家和权力的象征。同分一鼎之食，与湖北困苦与共，鼎力相帮，共渡难关。

文物海报发布时间 2020.02.27

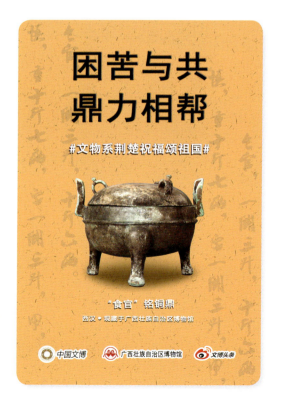

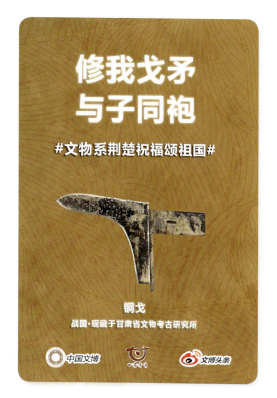

铜戈

戈援部狭长，中起脊，两边出刃。疫情如军情，全国上下同心协力抗击疫情的壮举，诠释了新时代的英雄主义！

文物海报发布时间 2020.02.27

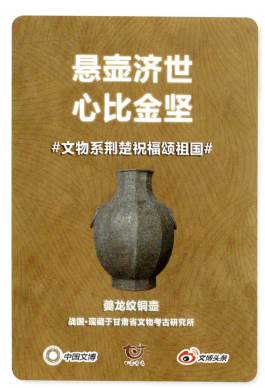

夔龙纹铜壶

侈口方唇，束颈鼓腹，肩两侧饰有铺首衔环，周身饰夔龙纹，并镶嵌细碎绿松石。在湖北疫情一线，广大医护人员英勇无惧，充分彰显了医者仁心。

文物海报发布时间 2020.02.27

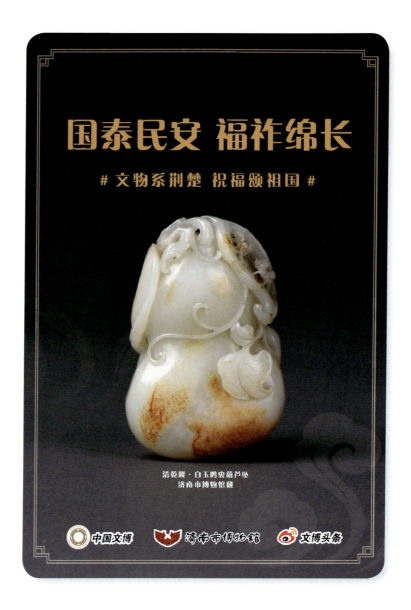

国泰民安 福祚绵长

#文物系荆楚 祝福颂祖国#

清乾隆·白玉鸣虫葫芦坠
济南市博物馆藏

中国文博　　济南市博物馆　　文博头条

白玉鸣虫葫芦坠

　　葫芦在中国传统文化中，寓意长寿和驱邪，象征着富贵、吉祥、子孙兴旺。这件白玉鸣虫葫芦玉坠，玉质温润洁白，巧妙利用原石的自然形状，雕成一亚腰葫芦。藤蔓攀附葫芦之上，并结有小葫芦。葫芦上部还雕有两只鸣虫，似振翅鸣叫，活灵活现，有如闻其声之感。

文物海报发布时间 2020.02.27

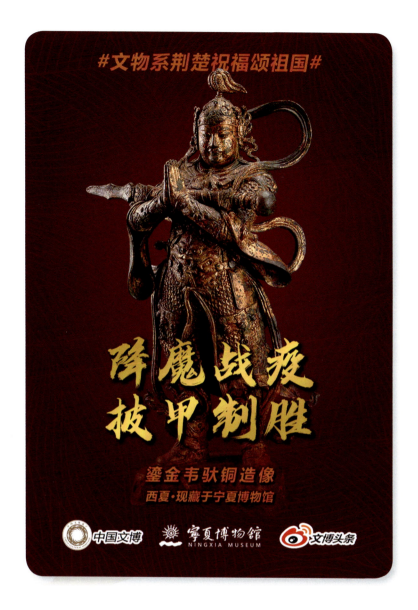

鎏金韦驮铜造像

佛教经籍中的护法神，除障驱魔，威武不屈。其造型金甲裹身，头戴战盔，双手合十，两肘间横托降魔杵。寓意奋战在抗疫一线的英雄们，勇于担当，驱魔战疫，一往无前，披甲制胜。

文物海报发布时间 2020.02.27

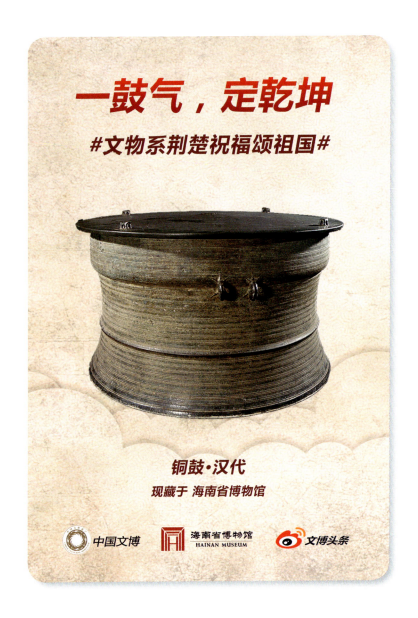

一鼓气，定乾坤

#文物系荆楚祝福颂祖国#

铜鼓·汉代

现藏于 海南省博物馆

中国文博　海南省博物馆 HAINAN MUSEUM　文博头条

铜鼓

　　铜鼓，最早是春秋战国时期西南少数民族地区祭祀礼器，在节日和宗教活动中出现。后伏波将军马援在此基础上创制马式铜鼓作为军鼓，用以传布信息、发布号令。这面铜鼓的鼓面保留少数民族特色太阳纹代表对太阳的崇拜和敬仰，四周青蛙装饰是少数民族的图腾信仰。

文物海报发布时间 2020.02.27

武昌一呼
天下响应

#文物系荆楚祝福颂祖国#

武昌起义军政府旧址

辛亥革命武昌起义纪念馆

 中国文博 　  辛亥革命武昌起义纪念馆 　  文博头条

武昌起义军政府旧址

　　武昌起义军政府（中华民国军政府鄂军都督府，又称湖北军政府），是辛亥革命武昌起义后建立的中国历史上第一个资产阶级革命政府，始建于1909年，1910年建成，本是清政府为预备立宪设立的民意机关。中华民族团结一心、众志成城，一方有难、八方支援，铸成了一道无坚不摧的钢铁长城。

文物海报发布时间 2020.02.27

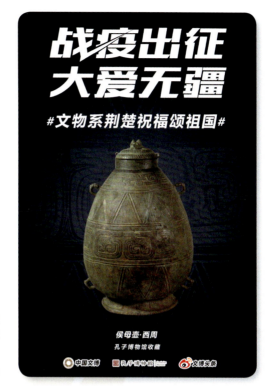

"侯母"螭耳夔纹铜壶

　　铜壶制作精致，器形完整，是西周时期青铜器代表珍品。古人用此壶祈求出征的家人福佑无疆。

文物海报发布时间　2020.02.27

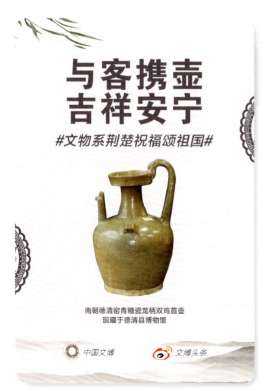

德清窑青釉瓷龙柄双鸡首壶

　　鸡首壶，因壶嘴呈鸡首状而得名，是两晋时期德清窑的典型产品。鸡颈与腹部相通可出水。古人认为鸡有御死辟恶的功能，又有沟通天地的神奇本领，李白《梦游天姥吟留别》诗中有"脚着谢公屐，身登青云梯。半壁见海日，空中闻天鸡"的诗句，因此鸡首壶也称天鸡壶。

文物海报发布时间　2020.02.27

玉条形饰 / 玉匕

　　美玉之美，从来不是浑然天成，艰难困苦，庸玉汝于成也。人经过打磨，方能在逆境中成长；于国家民族，愈是身处艰难困苦之境，愈要勠力同心，从磨难中奋起，共克时艰。

　　山西曲沃出土的玉匕与湖北九连墩出土的玉条形饰，山川精英遥相会,寄上拳拳赤子情,血脉同心,共盼春来！

文物海报发布时间　2020.02.27

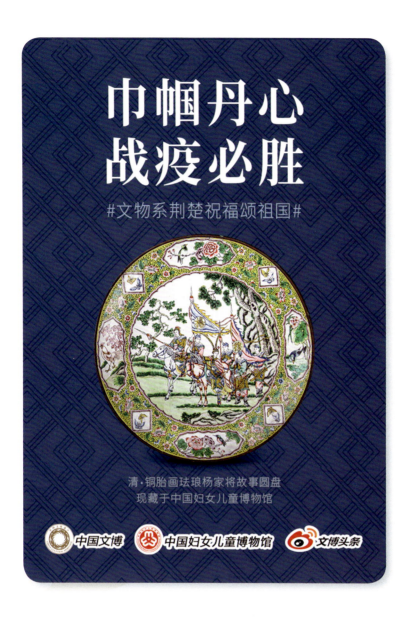

铜胎画珐琅杨家将故事圆盘

　　此盘中心开光，外圈装饰有花鸟、蝴蝶纹样，是中国传统工艺装饰特点。开光部分绘有传统故事题材穆桂英挂帅出征图。

文物海报发布时间 2020.02.27

《第二次世界大战护士招募》海报

南丁格尔之灯，照亮湖北、武汉千万家，让疫情阴霾永远离开！

文物海报发布时间 2020.02.28

徐悲鸿立马图

徐悲鸿以现实主义开路,化笔为戟,以梦为马,与大时代同呼吸共命运,奔走四方,救亡图存。其笔下种种,无不托物咏志,以此来表达赤子之心,忧国忧民之情。他的画作往往给人以生机和力量,如其笔下的马,正是有感而发、尽抒胸臆而成,独有一种自由奔放、豪气冲天的精神面貌。

文物海报发布时间 2020.02.28

人面纹瓦当

瓦当,俗称瓦头,置于屋檐顶端,有束水护檐的功能。人面纹瓦当仅见于东吴时期的首都建业和东吴境内的一些城市,体现了吴都建业在建筑用材上力求展现自身特色的文化追求,具有鲜明的地域特色。

文物海报发布时间 2020.02.28

卷体夔纹蟠龙盖罍

　　此件卷体夔纹蟠龙盖罍为西周早期文物，出土于辽宁喀左北洞村。盖上有半浮雕龙纹，通体作蟠龙状，盖面及周沿以三个长尾夔龙纹盘绕，中心一蝉纹。器身上腹饰对相变形卷体夔纹，突目、利爪、尖齿；下腹饰兽面纹，近底及圈足饰夔纹，通体以雷纹衬地。整器造型玲珑，庄重典雅。

　　罍是流行于商周时期的大型蓄酒容器。待到胜利重逢，武汉（又称"江城"）春和日丽时，你我把酒言欢。

文物海报发布时间 2020.02.28

核舟

　　核舟以长形的橄榄核为材料，微雕成双层舟形，造型取材于北宋文学家苏轼所作的《赤壁赋》，生动地表现了历史上一个著名的文学故事。赤壁，位于湖北省黄冈市西北江滨。

文物海报发布时间 2020.02.28

九霄环佩琴

　　琴为唐代中期制品，伏羲式，桐木制，红漆面，鹿角灰胎，细蛇腹纹。七弦十三蚌徽，红木轸。琴背轸池下方篆刻"九霄环佩"四字，其下刻三寸印，印文篆书"夏氏泰符子孙永宝"八字。琴腹内可见长方形条状百衲纹，紫檀岳尾，轸、足皆红木镟成。

　　祈愿华枝春满日，抚琴访友越千年。

文物海报发布时间 2020.02.28

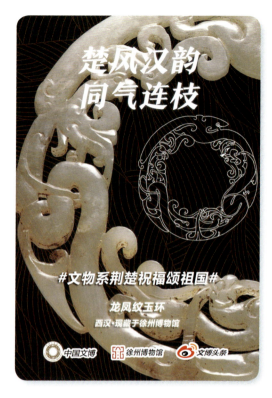

龙凤纹玉环

　　玉环黄白色，通体透雕。整环以三条龙蟠绕而成，环身雕有熊、凤鸟和卷云纹，以阴线刻画细部，线条流畅自然。

文物海报发布时间 2020.02.28

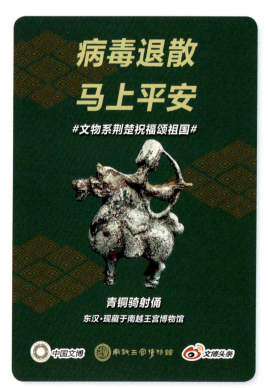

青铜骑射俑

　　铜俑造型为一位勇士骑在战马上拉弓射箭的形象，为人马合铸，马腹中空，马首高昂，张口嘶鸣，体态饱满健壮。马背上的勇士，穿袍着靴，举弓欲射，箭在弦上，一触即发，动态十足，反映了东汉骑兵健壮，国力强盛。

文物海报发布时间 2020.02.28

悬壶济世

#文物系荆楚 祝福颂祖国#

针灸腧穴铜人

明·现藏于湖北省博物馆

针灸腧穴铜人

　　针灸腧穴铜人是中医重要的教具。此铜人形象为裸
体童子，无发，两眼平视。右手下垂，掌心向外。左手上
举，中指、小指竖起，拇指、食指、无名指弯曲，以示
"中指同身寸"手法。左膝跪于铁柱上，右脚踏于可绕铁柱
旋转的转盘上，以便观察其身体前后的穴位。铜人全身经
络纵横、腧穴密布，骨性标志明显，共有659个腧穴，单
侧355个腧穴，354个穴名，是目前国内仅存的三件针灸腧
穴铜人之一。

文物海报发布时间 2020.02.28

吉"象"如意
战"疫"必胜

#文物系荆楚祝福颂祖国#

非洲象 天津自然博物馆藏

中国文博 文博头条

非洲象

    非洲象是世界上现存最大的陆生哺乳动物。分布于非洲东部、中部、西部、西南部和东南部等广大地区。"象"在中国传统文化里与"祥"字谐音,故被赋予了吉祥的寓意,在傣族人民的心目中更是吉祥与力量的象征。

文物海报发布时间 2020.02.28

佑我中华
国泰民安

#文物系荆楚祝福颂中国#

武则天金简

唐·现藏于河南博物院

中国文博　　河南博物院　　文博头条

武则天金简

金简为长方形片状，上刻双钩铭文63字，是目前所能见到的可移动的武则天罕见遗物，是认识和研究武则天生平事迹及其晚年思想行动十分宝贵的物质史料。

文物海报发布时间 2020.02.29

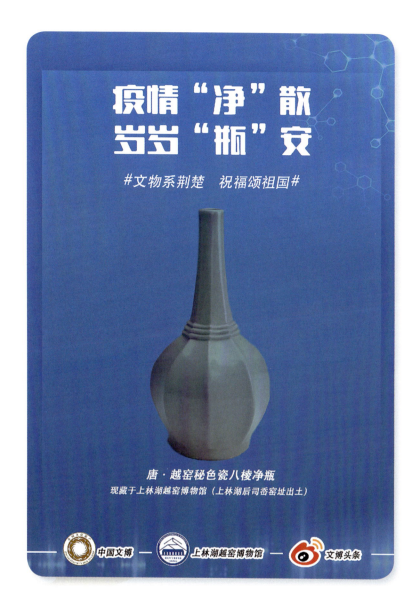

越窑秘色瓷八棱净瓶

　　净瓶最初为僧人随身携带，用于保持个人身体清洁和饮用干净水的器皿。净瓶瓶口小，颈部细长，可以避免灰尘和小虫的进入，从而使水质保持洁净。在之后的传播中，净瓶的造型和功能也发生了变化，从最初的比丘十八样必备生活物品，到成为供奉品、法器等。净瓶也成为人们消灾解难，寄寓美好的化身。

文物海报发布时间 2020.02.29

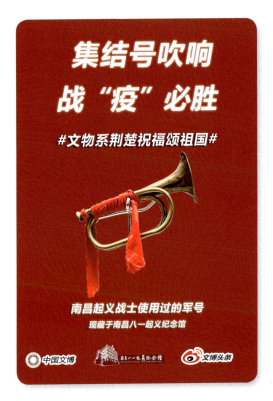

南昌起义战士使用过的军号

"三军受号令，千里肃雷霆。"一把小小的军号，是人民军队听党指挥、纪律严明、绝对忠诚的象征。这把军号不仅代表着南昌起义"听党指挥，敢为人先"的"八一精神"，也鼓舞着我们一定能打赢这场疫情防控阻击战！

文物海报发布时间 2020.02.29

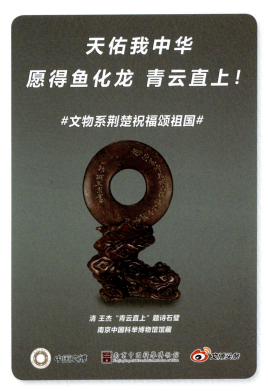

王杰"青云直上"题诗石璧

此件石璧为乾隆辛巳年（1761）状元王杰之物，璧上文字："清光无事到山前，亭院风和竹自闲。携酒笑卧花坡下，江流天水满云烟。"璧配以寿山石祥云底座，有烘云托月之意。整体观之更有青云直上的美好寓意。

荆楚临疫魔，平地起雷火。战疫终有止，青云直上时！

文物海报发布时间 2020.02.29

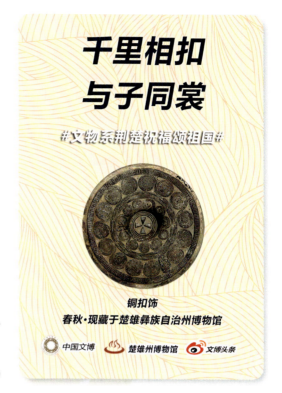

铜扣饰

扣饰呈圆形，圆纽，纽饰三角形纹及三道弦纹；内外区饰回弦纹、连点纹、绳纹、变形兽纹；背面铸有扣钩。

文物海报发布时间　2020.02.29

杏色刺绣花鸟女童服

采用象征"花开富贵"的湖水绿盘花纽和刺绣的"举家欢乐"吉祥图案，表达了长者对孩子的祝愿。同时注入了如圆波折立领等西方元素。做工精细、外形美观、寓意吉祥。

"举家欢乐"是由喜鹊及菊花组成的吉祥图案，缘于"菊花"与"举家"谐音，而喜鹊是象征报喜的吉祥鸟。

文物海报发布时间　2020.02.29

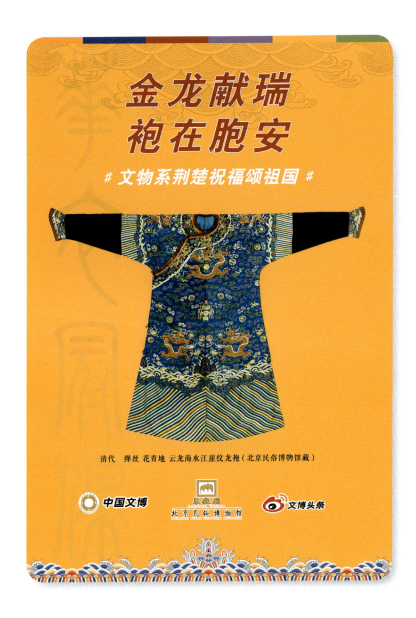

清代 缂丝 花青地 云龙海水江崖纹龙袍（北京民俗博物馆藏）

缂丝花青地云龙海水江崖纹龙袍

　　海水江崖纹是中国的一种传统纹样，波涛翻滚的水浪中立一山石，并有祥云点缀，寓意福山寿海，也带有着一统江山的含意。

　　此件反映了我国古代织锦工艺的高超技艺，金龙献瑞，袍在胞安！

文物海报发布时间 2020.02.29

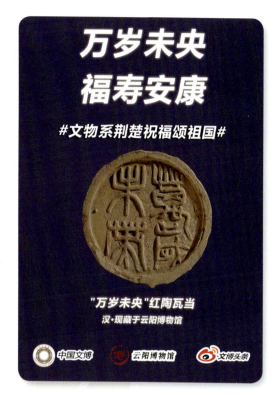

"万岁未央"红陶瓦当

瓦当是古代中国建筑中覆盖建筑檐头筒瓦前端的遮挡，用以装饰美化和蔽护建筑物檐头的建筑附件。文字瓦当是汉代极具特色的一类，内容多为记名和吉语，"万岁""未央"均为汉代的宫殿名称。"万岁"寓意庆贺、欢呼；"未央"寓意没有穷尽，亦有无灾无祸、平安喜乐、长寿平安之意。

文物海报发布时间 2020.02.29

寒山拾得像

寒山、拾得原是唐代天台山国清寺的两位高僧，都自幼有诗才，互相敬慕，遂成好友。明中晚期，寒山、拾得形象由禅僧衍化为道教仙人，或亦僧亦仙，融入了安时处顺、乐天知命、知足保和的世俗情怀，亦有兄弟相和、夫妻相爱之意。清代民国，二仙手中出现荷花、圆盒，象征和（荷）合（盒），即"和谐合好""以和为贵"，成为更具吉祥意味的"和合二仙"，是相亲相爱、情深义重的象征。

文物海报发布时间 2020.02.29

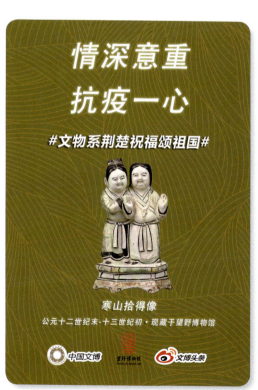

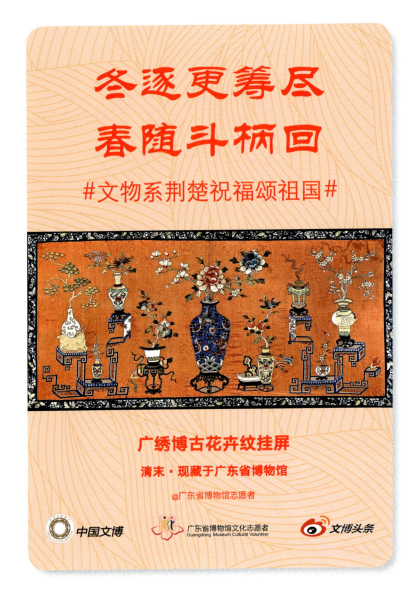

广绣博古花卉纹挂屏

此屏屏心主体以五色绒线绣制博古图，间以金线绣制以突显器物立体感。器内以折枝花果作为点缀，图内绣制有云龙、丹凤、喜鹊、神鹿、牡丹、松树、梅花等图案，呈现龙凤呈祥、花开富贵的美好愿望。此挂屏构图疏密得当，针法细密平整，配色丰富绚丽，所绘寓意吉美祥瑞。

文物海报发布时间　2020.03.01

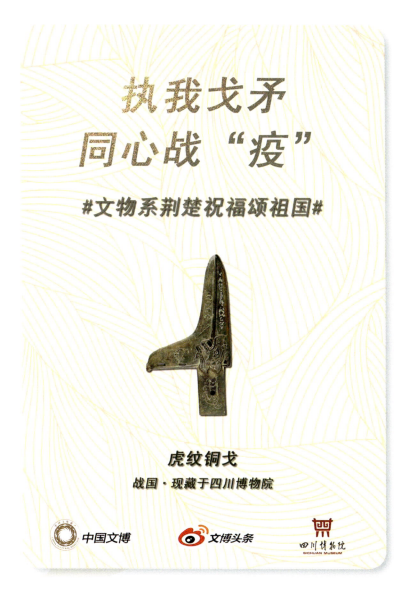

执我戈矛
同心战"疫"

#文物系荆楚祝福颂祖国#

虎纹铜戈
战国·现藏于四川博物院

中国文博　文博头条　四川博物院

虎纹铜戈

　　长援中胡，长方形内。近栏处有三穿。援后部至内两面饰半浮雕虎头，张口吐舌，口中一穿；虎身阴刻，延于内上，内中一穿。戈的一面浮铸一椎髻、腰悬宝刀之人。另一面阴刻巴蜀文图语。援脊下两面均饰滴水纹。

文物海报发布时间 2020.03.01

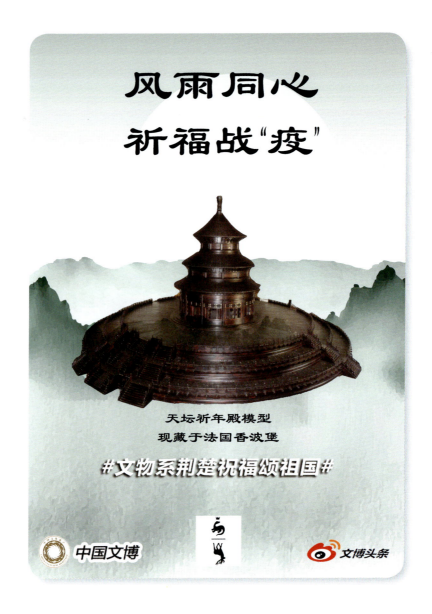

天坛祈年殿模型
现藏于法国香波堡

#文物系荆楚祝福颂祖国#

中国文博　文博头条

天坛祈年殿模型

在法国香波堡内，摆放着一座用檀木和橡木制作的巨型天坛祈年殿模型。它是中国紫檀博物馆于2007年赠送给香波堡的。从2005年起，香波堡便与天坛公园结成姊妹友好景点。两座建筑有很多共同点，比如：主体建筑都竣工于1530年，都被列入世界文化遗产名录，它们都体现了君主和上天之间的联系。

借由该模型，我们真诚地祝愿中国以及其他疫情国早日战胜病毒，迎接春天的到来！

文物海报发布时间 2020.03.01

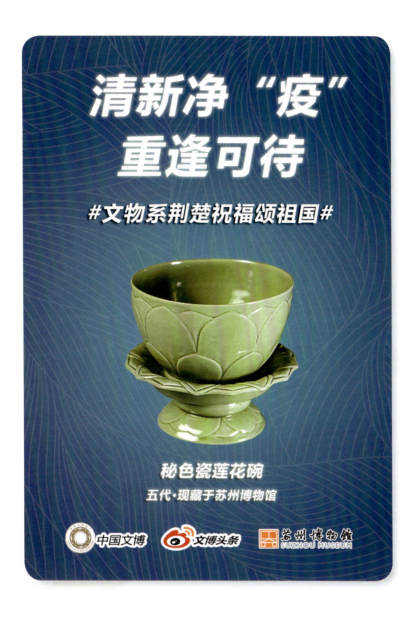

秘色瓷莲花碗

　　整器由碗和束腰盏托两部分组成。碗身外壁、盏托盘面和圈足均饰以仰覆莲瓣花纹，线条柔和流畅，整器构思巧妙，恰如一朵盛开的莲花。此器釉色掀翠融青，莹润内敛，呈现出潺潺溪水般的韵动感和美玉般的温润感。以清新净"疫"，重逢可待！

文物海报发布时间 2020.03.01

拿破仑横跨阿尔卑斯山

1800 年 5 月，拿破仑率领军队登上险峻的阿尔卑斯山，抄近道越过圣伯纳隘道进入意大利，出其不意地赢得了战争的胜利。就在战争胜利不久，西班牙国王查理四世向画家雅克－路易·大卫（Jacques-Louis David）订制了画作《拿破仑横跨阿尔卑斯山》，借以表现西班牙对法国的友好之情。画家仅用 4 个月便完成了这幅经典之作。

透过作品，画家描绘出拿破仑大无畏的英雄气概，以及其史诗般的远征。借此，我们想向所有奋斗在前线的医护人员和工作人员致敬，面对疫情，你们是最酷的逆行者！

文物海报发布时间 2020.03.01

折方人物葫芦瓶

束腰葫芦式，上下两肚均为方形，抹去各角，形成所谓"八不正"的样式。模印八仙图案，人物各居一面，以团寿字点缀整个瓶身。瓶体工整，八仙形象逼真，神态怡然。一方有难，八方相助，九州万民，众志成城。

文物海报发布时间 2020.03.01

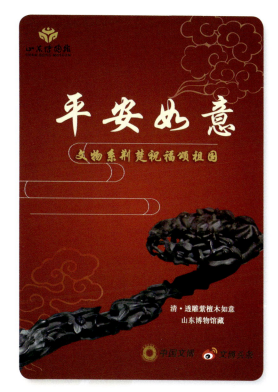

透雕紫檀木如意

如意醉歌如意舞，和风相送入茅檐。送上一把山东博物馆藏清透雕紫檀木如意，望逆行的白衣天使们，平安出发如意归！

文物海报发布时间 2020.03.01

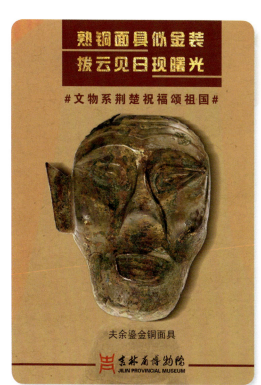

夫余鎏金铜面具

夫余鎏金铜面具

额窄颧高，鼻平眼细，一耳缺失。夫余国建立于西汉初年，以吉林市为中心，全盛时期疆域达方圆两千余里，494年灭亡，国祚长达七百年之久。夫余国创造了当时在东北诸族中仅次于汉族的物质文明和精神文明，对周边各族产生了重要的影响。

文物海报发布时间 2020.03.01

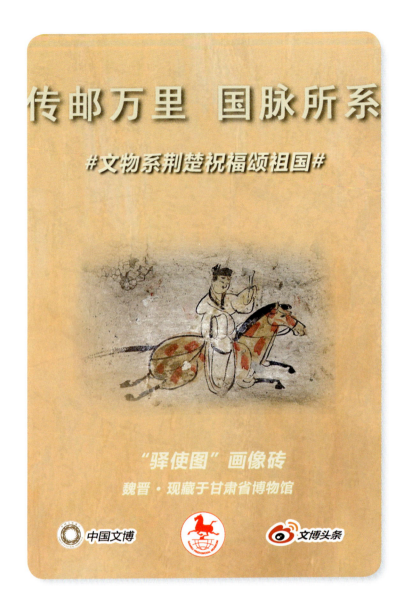

"驿使图"画像砖

魏晋·现藏于甘肃省博物馆

"驿使图"画像砖

　　砖面绘一手持文书，稳坐于红鬃烈马之上的驿
使驰送文书的情景。驿使头戴骊冠，神情肃穆，骏
马四蹄腾空，极具飞奔动势，客观真实地记录了距
今1600多年前西北边疆的邮驿情形，被认为是我国
已发现的最早的古代邮驿形象资料。

　　传邮万里，国脉所系！

文物海报发布时间　2020.03.02

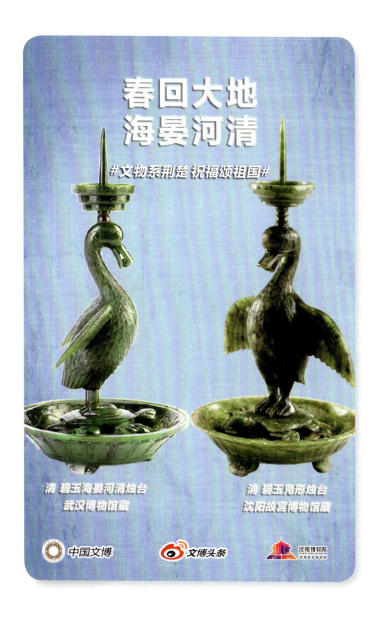

碧玉海晏河清烛台 / 碧玉凫形烛台

　　碧玉双鸭，一个叫海晏河清，一个凫形烛台，一个来自武汉，一个长居沈阳，均头顶光明、口含碧珠、脚踏玄武、展翅欲飞。烛台选料考究，通体墨绿透亮，造型逼真传神，从中或可管窥"正当海晏河清日，便是修文偃武时"的盛世景象。

文物海报发布时间 2020.03.02

八大山人草书《时惕乾称》横批

　　"八大山人"朱耷68岁时的草书作品。"时惕乾称"出自《周易》"君子终日乾乾，夕惕若，厉无咎"，意为时时警惕，防微杜渐，以保无虞。

文物海报发布时间　2020.03.02

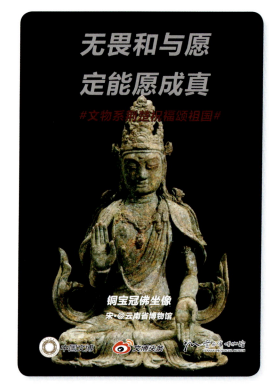

铜宝冠佛坐像

　　佛像右手作施无畏印，左手作与愿印，头戴宝冠，身披帛带，在云南仅发现此一件，十分独特。

文物海报发布时间　2020.03.02

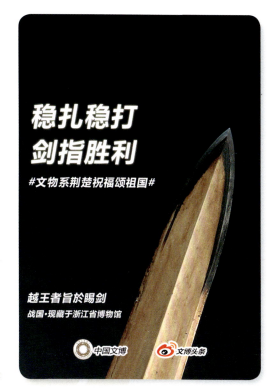

越王者旨於睗剑

剑体宽阔，中脊起线，双刃呈弧形于近锋处收狭。圆盘形剑首，圆茎上有两凸箍，箍饰变形兽面纹，茎绕丝质缠缑。剑格两面铸双钩鸟虫书铭文，正面为：戉（越）王戉（越）王；反面为：者旨於睗。字口间镶嵌绿松石，附剑鞘。越王者旨於睗剑，异常犀利，吹毛可断。其所代表的的勇气、力量、坚韧以及决心，都是当下抗击疫情所不可或缺的。

文物海报发布时间 2020.03.02

心形活环玉坠

此套玉饰由三部分组成。上有活环，下坠为心形，坠与活环之间由一梅花形栓柱连接。有一种信心，叫万众一心。我们勠力同心，共同抗"疫"！一起用"心"迎接春暖花开。

文物海报发布时间 2020.03.02

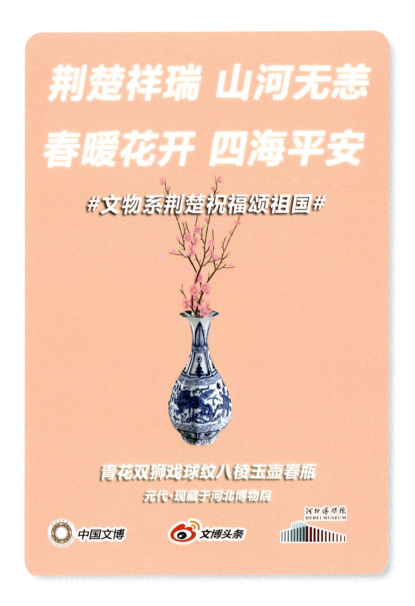

荆楚祥瑞 山河无恙
春暖花开 四海平安

#文物系荆楚祝福颂祖国#

青花双狮戏球纹八棱玉壶春瓶
元代·现藏于河北博物院

中国文博　文博头条　河北博物院 HEBEI MUSEUM

青花双狮戏球纹八棱玉壶春瓶

八棱形瓶身绘九层青花纹饰。瓶口内绘垂叶纹，颈部绘蕉叶纹、回纹和莲瓣纹。腹部主题纹饰为双狮戏球图，空白处间以杂宝。下腹、胫、足部绘钱纹、仰覆莲瓣纹。青花发色青翠浓艳，纹饰生动。愿春暖花开时，山河无恙，四海皆平安！

文物海报发布时间 2020.03.02

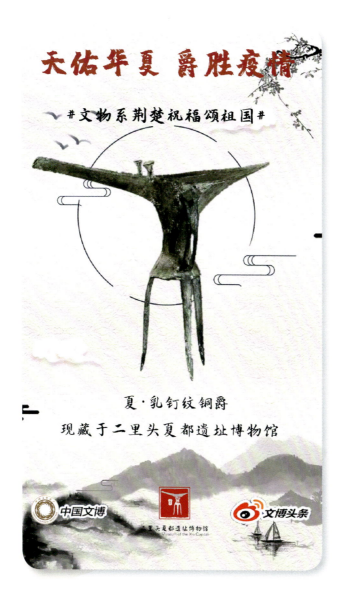

乳钉纹铜爵

　　前有长流，后有尖尾，宛若一名轻盈舒展、迎风而立的窈窕淑女，周身散发着俊巧清逸的气息，被誉为"华夏第一爵"，是夏代青铜冶铸技术的实物见证，是使用者身份和地位的象征。从此，中国青铜文化便朝着有自己特色的青铜礼器之路发展。

文物海报发布时间 2020.03.02

玉羽人骑翼马

　　采用圆雕、镂雕而成。玉马呈昂首挺胸奔腾状，张口露齿，竖耳，胸至腹部饰双翼，四蹄腾空踏于云板之上，云头与马腿、蹄、尾相连。马背骑一羽人，人面兽耳，长发，肩与臀部饰羽翅，一手扶马颈，一手拿灵芝。千万白衣天使战疫驰援武汉，祈愿江城回春，天下和乐。

　　　　　　　　　　　　　　文物海报发布时间 2020.03.03

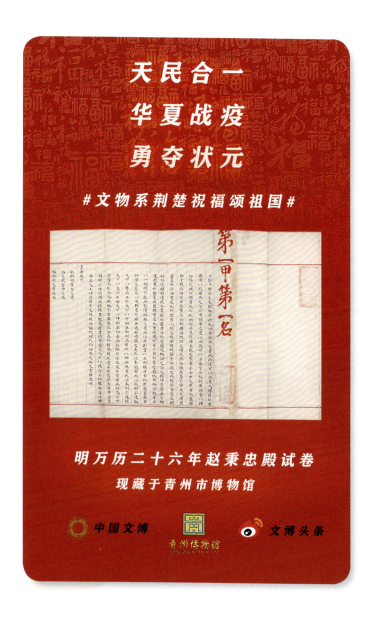

明万历二十六年赵秉忠殿试卷

　　全文共2460字，15折册页，用工整小楷写成，是我国目前发现的唯一一份明代状元卷，填补了我国明代宫廷档案的空白，为研究我国古代科举制度提供了真实的资料。抗击疫情，既是"战场"，又是"考场"。面对这场不期而遇的"突击考试"，只要全国上下众志成城，定能在这次战疫"大考"中交出完美答卷！

文物海报发布时间　2020.03.03

象牙柄彩绘庭院人物点翠双凤纹八角执扇

执扇由八角形的扇面与象牙扇柄组成。扇双面彩绘庭院人物故事，集雕、绘、织、刻技艺于一体，工艺精湛，奇巧华美，是外销扇中不可多得的精品。今朝新雨霁，一笑整巾屦。

文物海报发布时间　2020.03.03

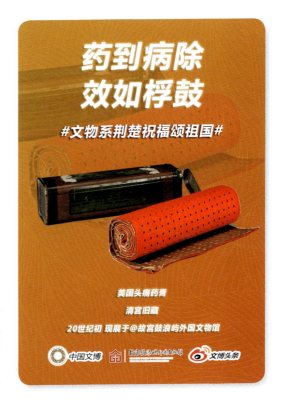

美国头痛药膏

该盒头痛药膏系清宫旧藏的 3 盒同款药品之一。故宫博物院收藏的西式医药物品，是西医进入清宫的直接物证。

"药到病除，效如桴鼓"，既可谓世人寄望杏林的心理写照，也是医药自我证实的不二法门，更是"新冠"疫情防控不松劲的当下，我们的期望。

文物海报发布时间　2020.03.03

鹿形铜饰件

这组鹿形铜饰件是欧亚草原早期文化艺术中最具游牧文化特征的器物，也是"中国北方系青铜器文化"的主要题材之一。古代北方游牧民族原始宗教萨满文化，认为鹿具有通神的灵性，自古以来都是吉祥美好的形象。《诗经·小雅》中就有鹿鸣是德音的美誉，在佛教中，鹿更是正义、善良、吉祥的化身。

望呦呦鹿鸣的惠音传遍荆楚，驱走疫瘴，六合同春！湖北万福！

文物海报发布时间 2020.03.03

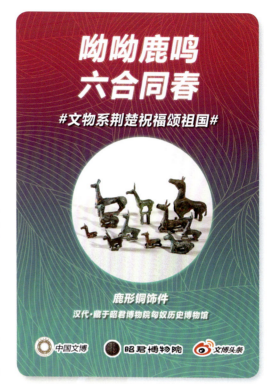

呦呦鹿鸣
六合同春
#文物系荆楚祝福颂祖国#

鹿形铜饰件
汉代·藏于昭君博物院匈奴历史博物馆

中国文博　昭君博物院　文博头条

#文物系荆楚祝福颂祖国#

铜壶美酒只待凯旋

湖北加油·中国加油

莲盖夔龙纹方壶
春秋 现藏于山西博物院

中国文博　文博头条

莲盖夔龙纹方壶

酒礼器。长方形华盖，四周八片镂空外侈的莲花瓣，内饰两条夔龙。子口可插入壶口。壶体母口，承接华盖。修长束颈方筒。颈两侧置兽形耳。出土时放置于鉴中，作为成组礼器使用。铜壶美酒，只待凯旋！

文物海报发布时间 2020.03.03

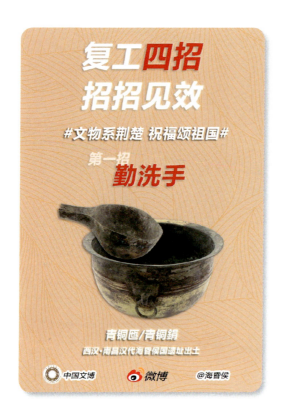

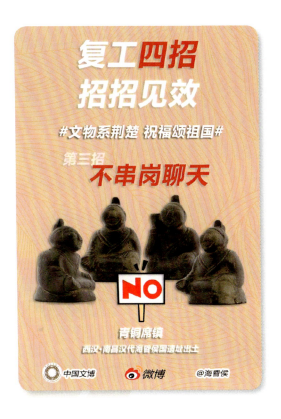

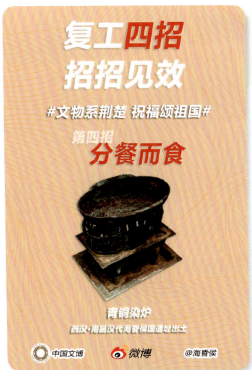

　　海昏侯墓 是汉废帝刘贺的墓葬，位于江西省南昌市新建区大塘坪乡观西村，出土珍贵文物1万余件（套），是中国发现的面积最大、保存最好、内涵最丰富的汉代列侯等级墓葬，2015年入选中国十大考古新发现。

文物海报发布时间 2020.03.03

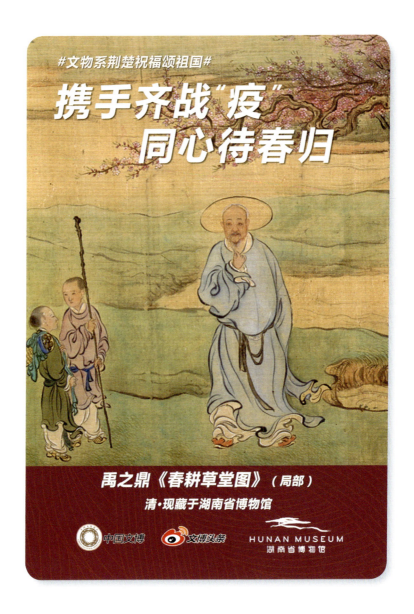

#文物系荆楚祝福颂祖国#

携手齐战"疫"
同心待春归

禹之鼎《春耕草堂图》（局部）

清·现藏于湖南省博物馆

中国文博　文博头条　HUNAN MUSEUM 湖南省博物馆

禹之鼎《春耕草堂图》（局部）

图绘草庐茅舍，春水潺潺，桃红柳绿，花木正茂，农事正忙。愿一年中最寒冷的时光，随着送暖的东风缓缓而别，春暖花开时愿所有美好不负归期！

文物海报发布时间 2020.03.04

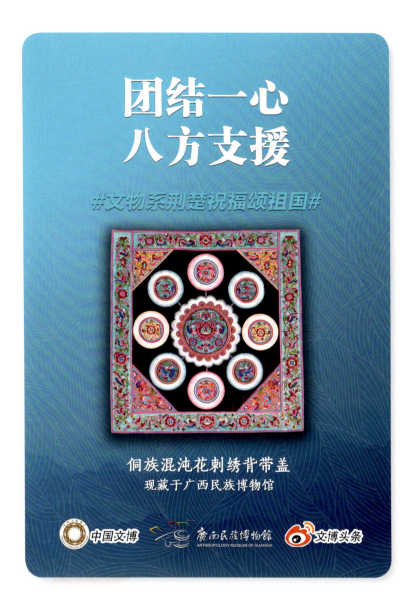

团结一心
八方支援

#文物系荆楚祝福颂祖国#

侗族混沌花刺绣背带盖
现藏于广西民族博物馆

中国文博　　广西民族博物馆 ANTHROPOLOGY MUSEUM OF GUANGXI　　文博头条

侗族混沌花刺绣背带盖

　　背带，古称襁褓，为背负婴儿所用的布兜，在广西壮、侗等少数民族中世代盛行。背带盖，指背带的盖头，可为婴儿遮光蔽风。此件背带盖采用剪贴绣法，中心大圆中绣侗族混沌花，寓意阴阳祥和、万物化生。主体图案为九个圆，一大八小、紧紧环绕，象征侗族传说中"萨天巴"女神用以晒干洪水的九个太阳。团结一心，八方支援；驱除灾疫，阳光普照。

文物海报发布时间　2020.03.04

红地刺绣花卉旗服

清代八旗女子穿着的氅衣，两侧开衩至腋下，以红绸和绦带盘钉出如意云头；红色斜纹江绸面料，以粉色、绿色、白色丝线绣出独枝芙蓉花。整件袍服宛如一幅写生画，画中鲜花盛开，色彩明丽，一片春光明媚。

文物海报发布时间 2020.03.04

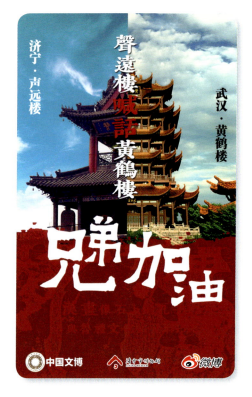

济宁·声远楼 / 武汉·黄鹤楼

声远楼位于济宁市中区铁塔寺街中段，楼内悬挂一口巨型铁钟，撞击铁钟，响彻全城，声远10余里，故名"声远楼"。

没有一个冬天不可逾越，没有一个春天不会到来。一切终将过去，定会春暖花开！

文物海报发布时间 2020.03.04

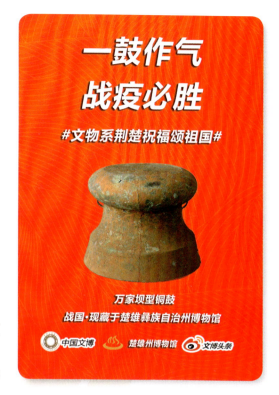

万家坝型铜鼓

青铜、素面、胴部突出、束腰、足外撇；腰、足部饰绳纹；鼓面有四个方形小孔。

文物海报发布时间 2020.03.04

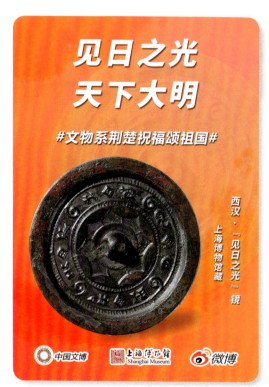

"见日之光"镜

透光镜的镜面不仅能照人，当阳光或平行光照射镜面时，镜面的反射投影能出现与镜背的文字和纹饰相同的影像。此镜因铜镜背面花纹外侧的铭文"见日之光，天下大明"而得名。

文物海报发布时间 2020.03.04

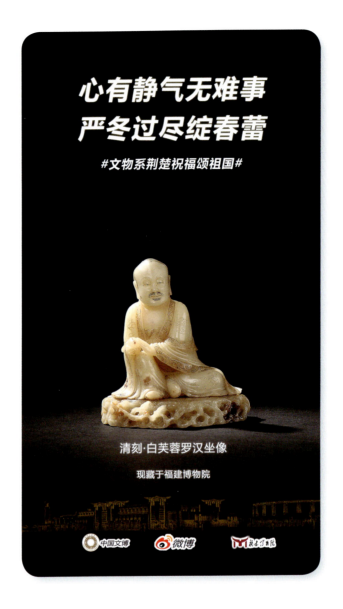

心有静气无难事
严冬过尽绽春蕾

#文物系荆楚祝福颂祖国#

清刻·白芙蓉罗汉坐像

现藏于福建博物院

中国文博　微博　福建博物院

清刻白芙蓉罗汉坐像

　　造像神情凝静、慈祥，身着通肩长衫，背饰缠枝牡丹，两袖边沿饰折枝牡丹和朵云等。袒胸，双手靠右膝摩挲一桃，右腿屈立，左腿内曲贴地，坐于石座之上。石质清澈滋润，白中泛黄。

文物海报发布时间 2020.03.04

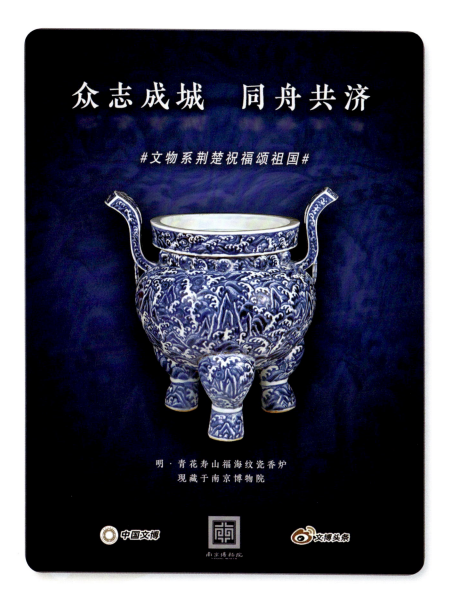

众志成城　同舟共济

#文物系荆楚祝福颂祖国#

明·青花寿山福海纹瓷香炉
现藏于南京博物院

中国文博　南京博物院　文博头条

青花寿山福海纹瓷香炉

　　此香炉造型仿青铜鼎式样，体形硕大饱满，周身满布青花纹饰，发色浓艳，是明永乐官窑瓷器中的黄钟大吕之作。

　　寿山福海纹又称海水江崖纹，主体纹饰为山石立于汹涌的波涛之中，一般理解为福如东海，寿比南山之意，但此处用其作为香炉的纹样，象征一统江山，安定永久。同时，纹饰搭配象征鼎定天下的鼎式造型，更相得益彰地表现出期盼江山安定的寓意。

文物海报发布时间 2020.03.04

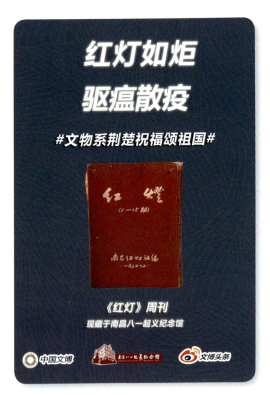

《红灯》周刊

《红灯》是共青团江西省委机关刊物，1923年由袁玉冰、赵醒侬等进步青年创刊，创刊后一波三折，几度停刊。出刊后流传甚广，多有散失。

红灯是精神之光，思想之力。红灯如炬，驱瘟散疫！

文物海报发布时间 2020.03.05

孔小瑜《富贵长春图》

此图兼工带写描绘了墨竹支架上置古瓷瓶，里面插着折枝菊花和艳丽的牡丹，下面画文雅的织锦画卷，盆栽金丝荷叶（虎耳草），香炉袅袅，瑞脑消金兽，几枚小樱桃和百合散落在四周，动静结合、错落有致。整幅画面蕴含着"富贵延年、书香传家"等多种吉祥的意义。

文物海报发布时间 2020.03.05

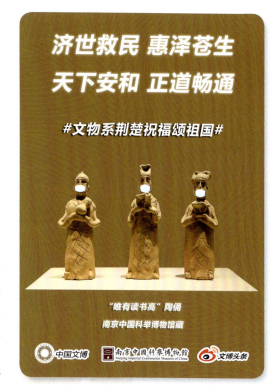

"唯有读书高"陶俑

左侧陶俑为悬壶济世的医者，中间陶俑为饱读诗书的智者，右侧陶俑为乐善好施的仁者。北宋名相范仲淹曾言，"不为良相，便为良医。"一个人的最高理想应该是尽平生所学，济世救民，惠泽苍生，让天下安和，正道畅通。

文物海报发布时间 2020.03.05

鲤鱼跃龙门银鎏金凤冠

凤冠为民间礼冠，在清代最初只规定为皇后及贵妇所戴的礼冠，其上点缀各种吉祥与饰品，如龙凤、珠宝、点翠等饰件，后来民间女子举行婚礼时，也用此制，以示富贵隆重。

凤是吉祥和谐的象征，在中国文化中代表祥瑞。龙凤呈祥，禳疫祛疾！

文物海报发布时间 2020.03.05

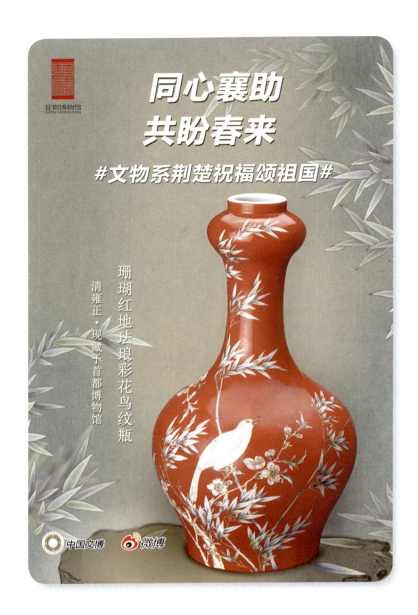

珊瑚红地珐琅彩花鸟纹瓶

口部呈蒜头形，细颈，鼓腹下收，通体以珊瑚红为地，其上以白、赭、绿、蓝、胭脂红、黄等色绘碧桃、翠竹、小鸟与蜜蜂。碧桃花盛开于枝头，翠竹生机盎然；两只小鸟相对鸣叫，顾盼多情。望春暖花开时，举国无恙。同心相助，共盼春来。

文物海报发布时间 2020.03.05

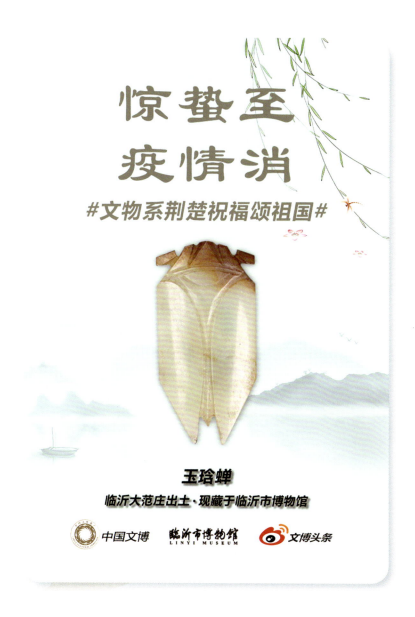

惊蛰至
疫情消

#文物系荆楚祝福颂祖国#

玉琀蝉
临沂大范庄出土·现藏于临沂市博物馆

中国文博　　临沂市博物馆　　文博头条

玉琀蝉

　　体扁平，双目外凸，背部起脊线，双翼覆盖全身，翼尖突出体外，双翼及尾末端均呈尖形，头部、颈部、翼部均为直、弧阴线刻。另一面以直、弧阴线刻体部轮廓。

　　古代中医有言："瘟疫始于大雪、发于冬至、生于小寒、长于大寒、盛于立春、弱于雨水、衰于惊蛰。"春雷响，万物长。一切蛰伏的美好正在醒来。愿惊蛰至，疫情消。

文物海报发布时间 2020.03.05

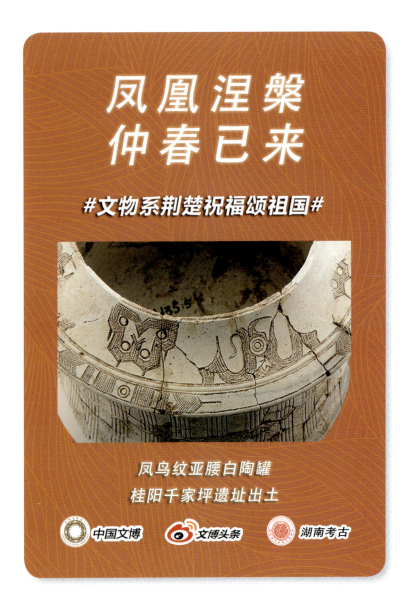

凤凰涅槃
仲春已来

#文物系荆楚祝福颂祖国#

凤鸟纹亚腰白陶罐
桂阳千家坪遗址出土

中国文博　文博头条　湖南考古

凤鸟纹亚腰白陶罐

　　器肩饰四组凤鸟纹和四组带有垂须的"蝶形"纹，外施组合几何纹。腹、底饰浅细绳纹。凤是人们心目中的瑞鸟，在史前时期是一种神圣的象征。一雷惊蛰，万物生长。鸟鸣渐生，仲春已至。

文物海报发布时间　2020.03.05

山河无恙
人间皆安

#文物系荆楚祝福颂祖国#

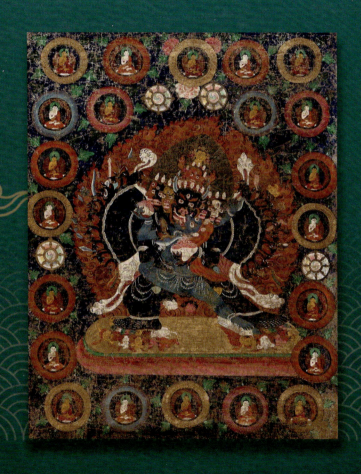

大威德金刚唐卡 清代
现藏于长江文明馆（武汉自然博物馆）

 中国文博　　 長江文明館 The Changjiang Civilization Museum　　 微博

大威德金刚唐卡

本尊蓝色，九面十八臂十六足，屹立于熊熊烈火之中。头带骷髅冠，项挂新鲜人头，一方面象征无常，一方面象征战胜恶魔和死亡。身佩六种骨饰，象征菩萨的施舍、持戒、忍辱、精进、禅定、智慧等六行圆满。

文物海报发布时间　2020.03.05

黄地釉彩绘朱红陶马

通体施酱黄色釉，马鞍施朱红色颜料，鞍鞯及马尾为白陶色。马俑呈站立状，站于长方形釉陶板上，双眼圆睁，凝视前方，眉骨突出，两耳竖起，鬃毛直立，短尾上翘，显得膘肥体壮。造型细腻准确，神态生动传神。

短暂的寒冬抹不去世间的诸多美好，相信冬去春会来，阴霾褪去，又是满目莺飞草长，花开似锦。

文物海报发布时间 2020.03.05

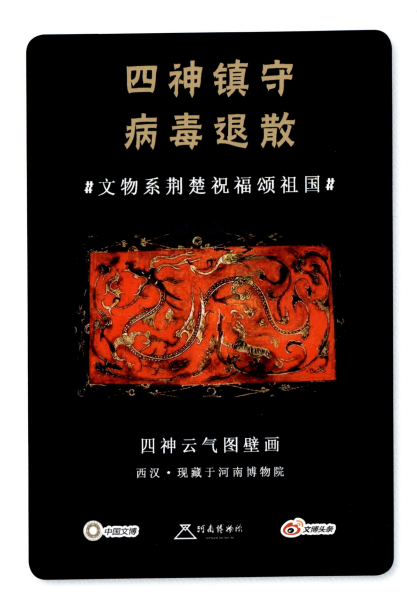

四神云气图壁画

　　画面为四神祥瑞图，主体为一骄首飞动的苍龙，龙舌缠鱼类生物（一说玄武），左右携朱雀、白虎。其巨幅画面色彩鲜艳，飞动劲健的线条和夸张腾跃的造型完美结合，是中国早期壁画的代表作。

文物海报发布时间 2020.03.06

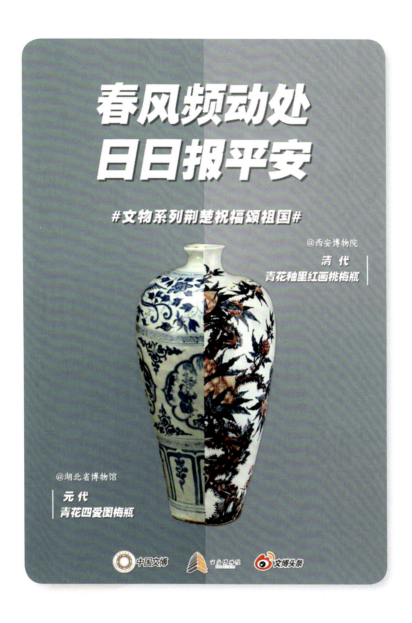

青花四爱图梅瓶 / 青花釉里红画桃梅瓶

　　梅瓶，最初为小口细颈酒瓶，源于唐，兴于宋。明朝时，因文人喜欢案头清供，这类小口酒瓶正好可以插花装饰，以作赏玩。

　　中国传统文化当中，"瓶"与"平"同音，家中陈设瓶，意为家宅"平安"。冬将尽，春可期，愿山河无恙，人间皆平安！

文物海报发布时间 2020.03.06

仁寿同登银币

　　1921年9月，天津造币厂铸仁寿同登纪念银币。此币背面珠圈内的景物布局设计精美细致，贺寿的人物进出有序；左下镌有"仁寿同登"字样。

　　仁者爱人，仁者寿。一线的医务工作者以大爱精神成为抗击疫情的中流砥柱，望他们平安归来。

文物海报发布时间　2020.03.06

庄园生产画像石

　　画面构图紧凑、制作精美，包括种植水稻、种桑养蚕、养殖家禽、酿酒、织布……反映了成都平原精耕细作的生产状态以及东汉庄园经济的繁荣景象。春加黍谷，暖恰花间。东风解冻，丽日舒和。

文物海报发布时间　2020.03.06

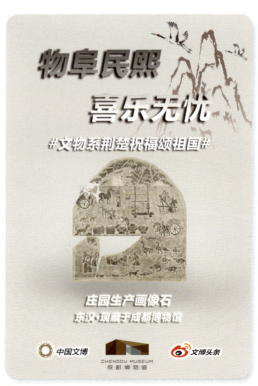

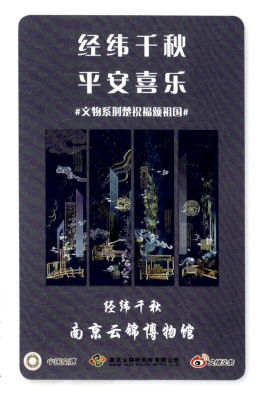

经纬千秋

　　作品以中国古代最为经典的四种古代织机以及织锦图案云水纹等为主要元素打破传统妆花工艺以四方连续为主的设计格局，以大尺度的装饰纹样、创新的色系和丰富的层次体现了现代设计的理念与手法。

文物海报发布时间　2020.03.06

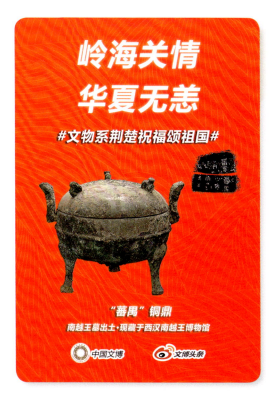

"蕃禺"铜鼎

　　扁圆腹，圆底，矮蹄足。鼎盖刻有"蕃禺""少内"等字。番禺即今天的广州，秦朝时是南海郡的郡治，后来为南越国的都城。此鼎说明了广州建城已有2000多年，它是广州城建史上的重要物证。

文物海报发布时间　2020.03.06

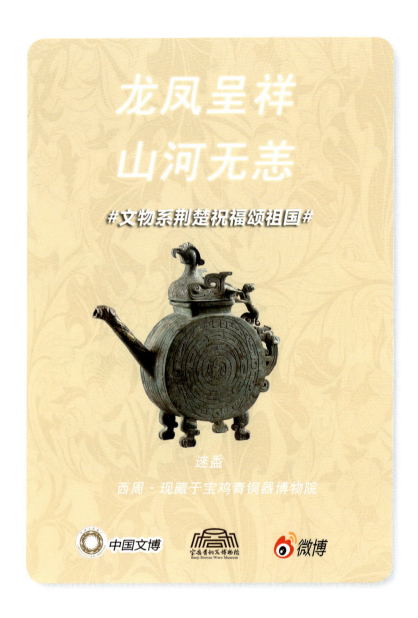

迷盉
西周·现藏于宝鸡青铜器博物院

迷盉

　　盉，古代调和酒、水的器具。该器造型独特，器身呈扁圆形，两面以龙纹装饰，盖首为凤鸟，凤首高昂，展翅欲飞。盖与器身连接处，饰一只向上攀爬的老虎，它悠闲自得的样子却不失兽中之王的威严。龙首形錾手。龙腾虎跃凤呈祥，山河盛世在中华。

　　　　　　　　　　文物海报发布时间 2020.03.06

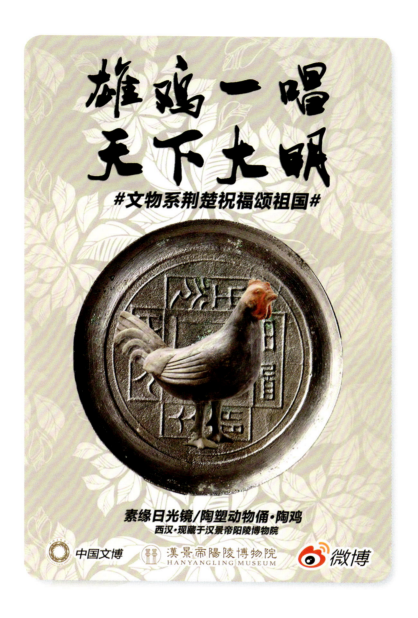

素缘日光镜 / 陶塑动物俑 · 陶鸡

　　镜背面为水银光、弓形钮、方座，四面以凸线构成的对称长方形分布，有"见日之光、天下大明"八字铭文。

　　雄鸡朱红色高冠，羽毛丰满轻盈，双足纤细但强劲有力，长颈微伸昂首翘望作啼鸣状。

文物海报发布时间　2020.03.06

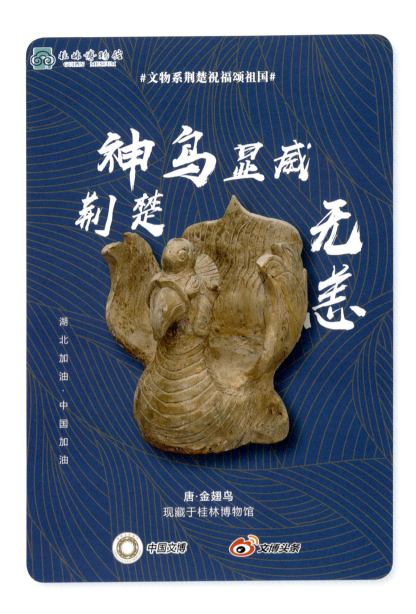

金翅鸟

　　寺庙建筑构件。高冠、突眼、垂耳、蛇颈，喙粗而长向下勾曲，翼似莲瓣、大而阔作飞翔展翅状。金翅鸟，又名迦楼罗，传自古印度，常以邪龙和毒蛇为食。在佛教中，它又是八大护法之一，象征忠诚与正义，身兼守护佛法和天下苍生之职。神鸟一出，祥瑞即现。

文物海报发布时间 2020.03.07

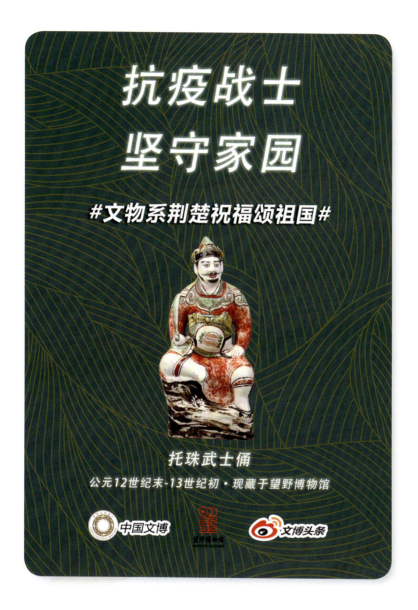

抗疫战士
坚守家园

#文物系荆楚祝福颂祖国#

托珠武士俑

公元12世纪末-13世纪初·现藏于望野博物馆

中国文博　望野博物馆　⑥文博头条

托珠武士俑

托珠武士俑，高37厘米，现于望野博物馆展出。红绿彩瓷器是我国古代瓷器中的一个独具特色的重要品种。

古有武士出战，今有医护卫家国。

文物海报发布时间　2020.03.07

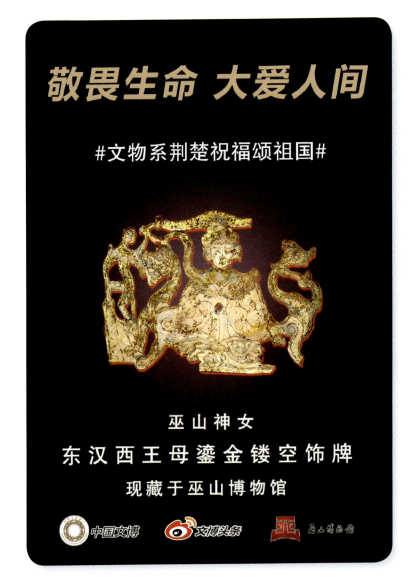

西王母鎏金镂空饰牌

　　此为装订在棺椁两端的装饰物。青铜薄片，中间有圆形钉孔，表面鎏金，镂空西王母、龙、虎及羽人形象。此物造型生动，寓意丰富，有较高的艺术价值。

文物海报发布时间　2020.03.07

莲纹叶形玉盏
明代·现藏于夔州博物馆

并蒂同心
本固枝荣

中国文博　　文博头条

莲纹叶形玉盏

　　整体由玉石雕成，以莲蓬为柄，莲花瓣为器，整体造型精美，兼具观赏性和实用性。

　　"荷"以寄相思，加油武汉，加油湖北，加油中国！愿疫情早日结束！祝祖国永远繁荣昌盛！

文物海报发布时间　2020.03.07

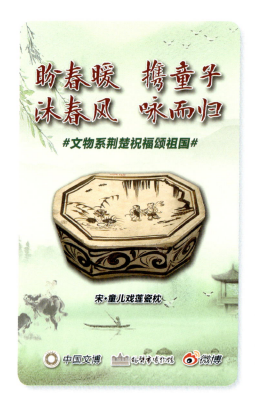

童儿戏莲瓷枕

　　八角形，凹面，枕面饰两童子在荷塘边柳树下嬉戏，枕壁绘一粗一细两墨线，中饰卷草线一周。釉色光润，构图巧妙，具有浓郁的民间生活气息，给人以美好的艺术享受。春暖疫散，携子出游，春风和照，万物翩然！

文物海报发布时间　2020.03.07

透雕龙凤纹青玉环

　　玉环双面透雕盘缠相绕的龙凤，环周饰以流动飞卷的云纹，龙凤身躯上琢出的阴刻线条与云气纹相呼应，给人以龙飞凤舞、云卷云舒之动感。《孔丛子》有云："麟凤龟龙先为之呈祥。"寄望神州大地早日云开雾散，春暖花开。

文物海报发布时间　2020.03.07

党指方向

大胜试汉

中山舰舵盘

现藏于武汉市中山舰博物馆

国家一级文物

中国文博　　文博头条

中山舰舵盘

中山舰上出水的舵盘，它不仅是中山舰风雨航程的亲历者，也是"武汉会战"的见证者。一艘具有战斗力的新型军舰，既需要一个操作灵活大舵盘，更需要一个有经验的掌舵人、一个智慧的领路人。

目前，武汉、湖北正处在抗击新冠病毒战役的决胜阶段，有党的坚强领导，有全国人民的大力支持，有全湖北人民的倾力配合，定能按照正确的方向，夺取这场武汉和湖北保卫战的最终胜利！

文物海报发布时间　2020.03.07

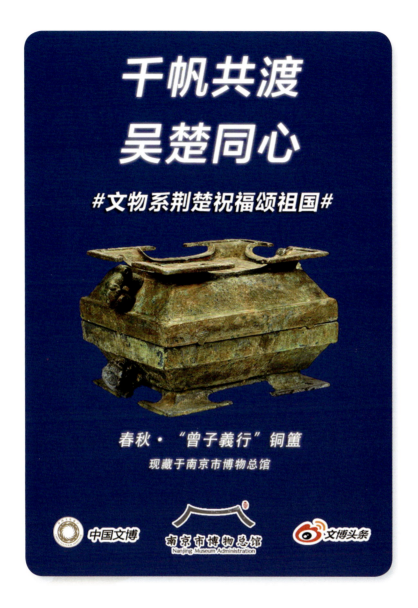

千帆共渡
吴楚同心

#文物系荆楚祝福颂祖国#

春秋·"曾子羲行"铜簠

现藏于南京市博物总馆

中国文博　南京市博物总馆 Nanjing Museum Administration　文博头条

"曾子羲行"铜簠

　　青铜质，由器盖和器身两个部分组成，盖和器身形式大小相同，均附一对兽首形耳。盖沿附六只兽面形小器扣，用于密合盖、体。器腹均满饰蟠虺纹，足部饰卷云纹。器盖和器体内均铸15字铭文。千帆共渡，吴楚同心！

文物海报发布时间 2020.03.07

03.07

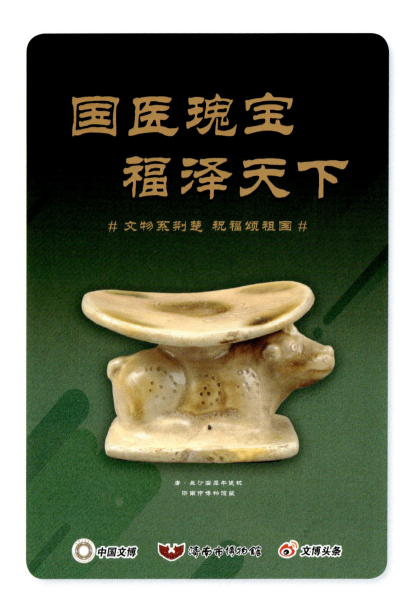

长沙窑犀牛瓷枕

　　以犀牛望月的造型塑造底座。小犀牛的肘、腹、臀部镂雕圆形图案，且随意点染褐色斑点。弧形枕面上刻画一朵小花，亦点染褐色斑点，实为典型的长沙窑特色。从尺寸看，这是一件古代中医把脉用的脉枕。

　　　　　　　　　　　文物海报发布时间 2020.03.08

称彼兕觥
万寿无疆

#文物系荆楚祝福颂祖国#

铜胎画珐琅"万寿无疆"缠枝花卉纹盘

清乾隆·现藏于广东省博物馆

@广东省博物馆志愿者

中国文博　广东省博物馆文化志愿者　文博头条

铜胎画珐琅"万寿无疆"缠枝花卉纹盘

　　盘内外以明黄为地，口沿饰一周回纹，近底部为一周仰莲纹。盘心为篆字团"寿"字，周围饰花卉纹，中部一个圆圈，外层是折枝花卉纹，内外壁皆有"万""寿""无""疆"圆框篆字。纹饰整齐对称，绘工精细。

文物海报发布时间 2020.03.08

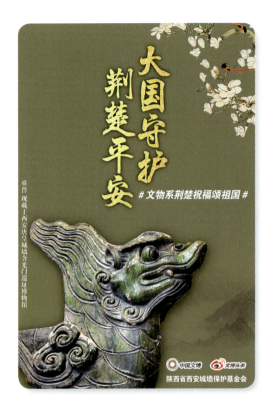

垂兽

　　垂兽不仅是中国古建筑上防止瓦件下滑、加固屋脊的重要部件，也表现了中国人朴素的建筑美学，同时，屋脊上的各种神兽更是吉祥的象征。

　　垂兽能使建筑稳固，而在此次疫情中我们看到无数逆行者的无私付出，更看到了中国的大国力量。相信大国守护，荆楚平安！

文物海报发布时间　2020.03.08

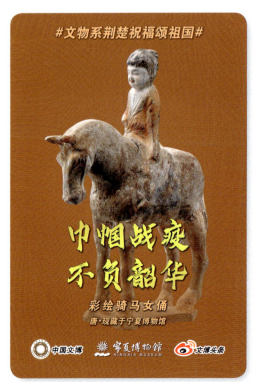

彩绘骑马女俑

　　女俑着窄袖翻领长袍，跨坐在马上，右手执缰绳，神态安详，头饰高髻，脸庞丰润，明眸远望。寓意巾帼不让须眉，直面疫情显担当，只争朝夕，不负韶华。

文物海报发布时间　2020.03.08

著我战时袍
守我大武汉

#文物系荆楚祝福颂祖国#

黄祯祥血衣

现藏于 辛亥革命武昌起义纪念馆

中国文博　辛亥革命武昌起义纪念馆　文博头条

黄祯祥血衣

　　辛亥革命武昌起义后的阳夏保卫战中，革命军敢死队队长黄祯祥两次受伤，血染征衣。这件血衣上的文字，真实地记录了革命军将士为捍卫首义成果英勇奋战，舍生忘死的大无畏革命精神。无论是百年前的战斗日记，还是今天的防疫誓言，都是中华民族不屈不挠、不可战胜的宣言！

文物海报发布时间　2020.03.08

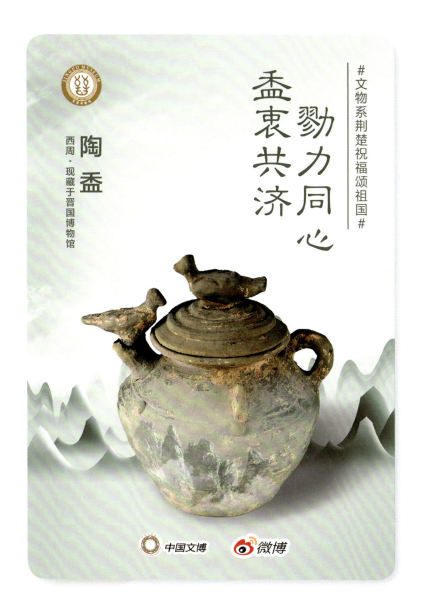

勠力同心 盉衷共济

#文物系荆楚祝福颂祖国#

陶盉

西周·现藏于晋国博物馆

中国文博　微博

陶盉

泥质红陶，肩部对称分布两环耳钮，一侧为环耳鋬，相对一侧为管状流，流口上立有一只小鸟。盉盖上饰瓦棱纹，盖钮也为一小鸟，两只小鸟相守相望，偎依情深。鸟是周代常用的装饰，源于周人对凤鸟图腾和自然力量的崇拜。

文物海报发布时间 2020.03.08

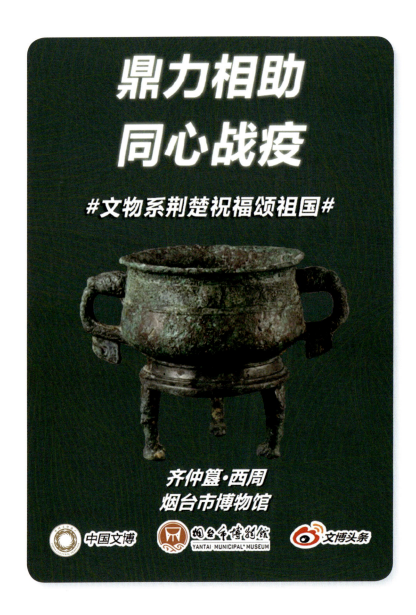

齐仲簋

簋，流行于商至春秋战国时期，主要用于放置煮熟的饭食，相当于现在的饭碗或饭盆。古人宴飨时席地而坐，簋放在席上，用手取食物。

文物海报发布时间 2020.03.09

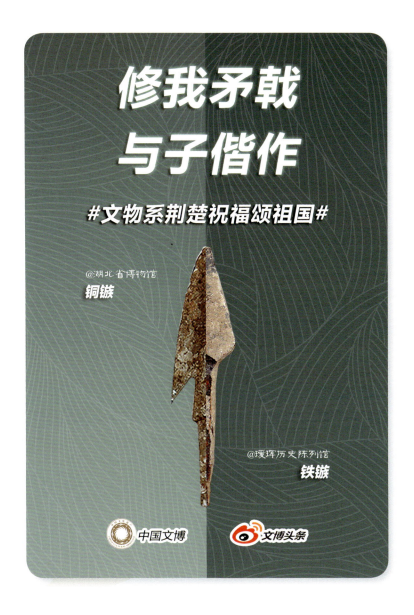

修我矛戟
与子偕作

#文物系荆楚祝福颂祖国#

@湖北省博物馆
铜镞

@瑷珲历史陈列馆
铁镞

中国文博　文博头条

铜镞 / 铁镞

镞，即箭头，多为石质、骨质、铜质和铁质，主要由尖锋、翼组成，安装在箭杆前端，或有插入箭杆的铤或有容纳箭杆的銎，是古代远射武器，主要用于战争和狩猎。

文物海报发布时间　2020.03.09

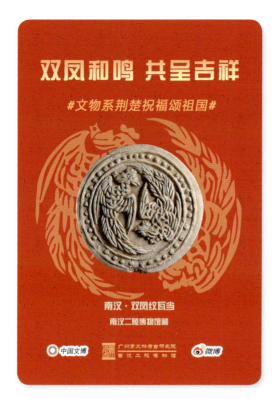

双凤纹瓦当

　　瓦当内圈双凤为首尾相连，双翅振展，三枝细长尾羽弯曲如水波纹。凤鸟是祥瑞的象征，用在屋檐之上更显吉祥入屋之兆。双凤和鸣，共呈吉祥！

　　　　　　　　文物海报发布时间 2020.03.09

牛头纹青铜带扣

　　带扣整体呈长方形。正面饰镂空牛头形象，局部用凹入树叶纹装饰，上方外缘有一钩形小凸起。充分体现了北方草原的自然景象，欣欣向荣，一片祥和。

　　　　　　　　文物海报发布时间 2020.03.09

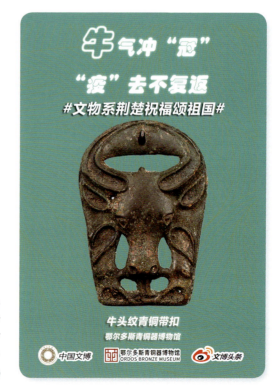

温室洗浴众僧经一卷

　　此卷又称《温室经》，详细介绍了佛教倡导的温室洗浴理念、方法和保健功能。经本用纸染黄涂蜡，以红丝栏为界，书端楷而肥，墨光黝泽。作为早期汉传佛教经书，其注重个人生活良好观念、温室洗浴、身心兼修等方式方法，从现代医学的角度看，也很有道理。其中还彰显着崇高的医德和仁爱精神。

文物海报发布时间 2020.03.09

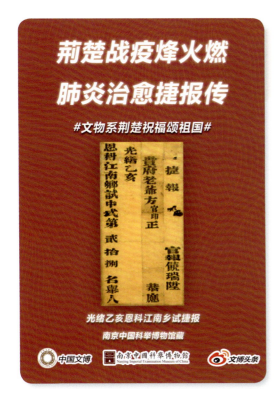

光绪乙亥恩科江南乡试捷报

　　此件为清代光绪元年（1875）方正乙亥恩科江南乡试捷报，其江南乡试中第二十八名。明清时期将乡试"录取通知书"称为"捷报"，上面会写上中举人的姓名以及考取的名次，由专门的报录人敲锣打鼓地送到中举人的家中。

文物海报发布时间 2020.03.09

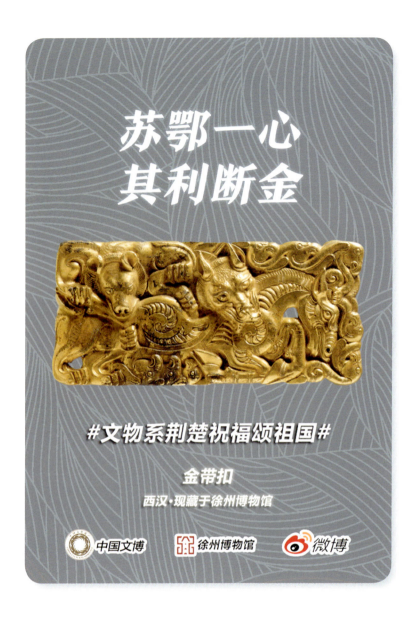

苏鄂一心
其利断金

#文物系荆楚祝福颂祖国#

金带扣

西汉·现藏于徐州博物馆

中国文博　徐州博物馆　微博

金带扣

　　两副带扣的内容大致相同，扣面为浅浮雕图案，主体为猛兽咬斗场面。苏鄂一心，其利断金。

文物海报发布时间 2020.03.09

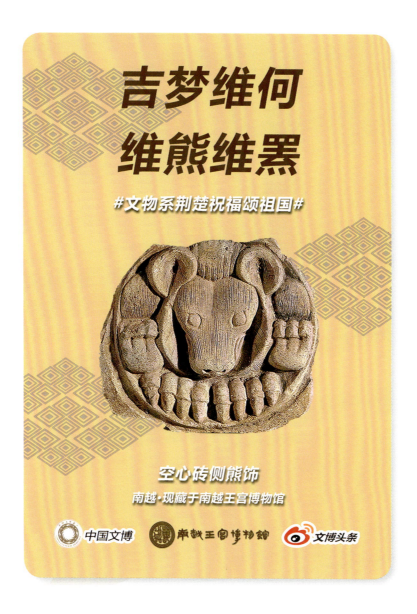

吉梦维何

维熊维罴

#文物系荆楚祝福颂祖国#

空心砖侧熊饰

南越·现藏于南越王宫博物馆

中国文博　南越王宫博物馆　文博头条

空心砖侧熊饰

　　这件带有熊饰的空心砖，是用于修筑台阶或踏步的，也叫踏跺。踏跺两端以熊纹为装饰，尤其突出熊的头和掌，形象既憨态可掬，又威武有力。类似的踏跺在秦汉建筑遗址常有发现，但两端所饰熊纹仅见于南越国。熊自古以来被视为勇猛善战的象征，也是吉祥的象征。

文物海报发布时间 2020.03.09

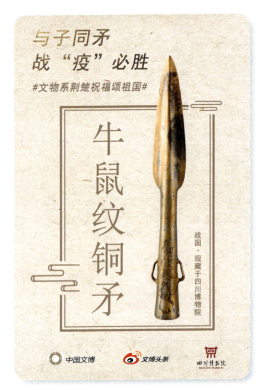

牛鼠纹铜矛

　　兵器。青铜质地，叶狭窄，前聚成锋。圆銎直达矛尖，凸脊，长骹双系，系间饰牛鼠纹，近銎处饰云雷纹一周。

文物海报发布时间　2020.03.10

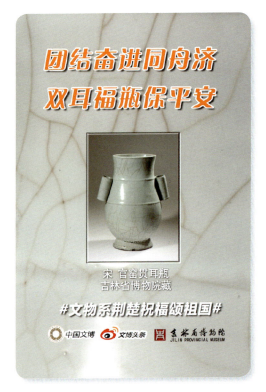

官窑贯耳瓶

　　圆形口，长颈微束。扁圆腹，椭圆形平底，圈足微敞，颈部有两道凸弦纹，空心筒形双耳。器型沉稳庄重，高贵典雅。

文物海报发布时间　2020.03.10

如松之盛
万年长青

#文物系荆楚祝福颂祖国#

中山舰将士制"如松之盛"笔筒

现藏于武汉市中山舰博物馆

中山舰将士制"如松之盛"笔筒

这件"如松之盛"笔筒是中山舰上的官兵亲手制作的。筒身一侧刻印有"如松之盛"四个大字，寄托了作者的情思和志向，使得小小的弹壳笔筒既美观又实用。

文物海报发布时间 2020.03.10

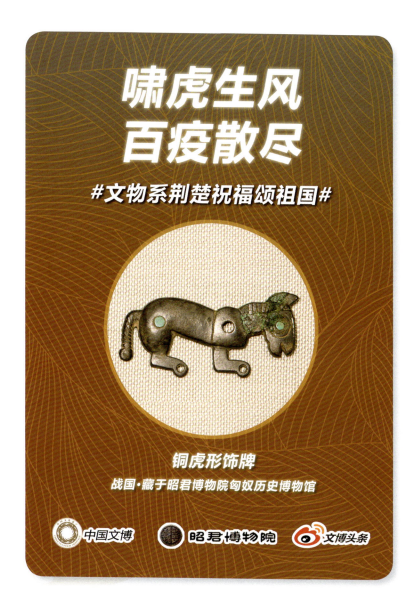

铜虎形饰牌

圆雕虎侧面形象，张口露齿，呈行走状。各部位特征刻画细腻，栩栩如生。虎自古被誉为"百兽之王"，是勇猛与力量的象征，也是欧亚草原游牧民族通用的装饰题材。将"虎"作为饰物加以佩戴，是人们对虎的崇拜更是对力量及威猛的敬重。啸虎生风，震慑四海，百疫尽散，八荒安乐！

文物海报发布时间 2020.03.10

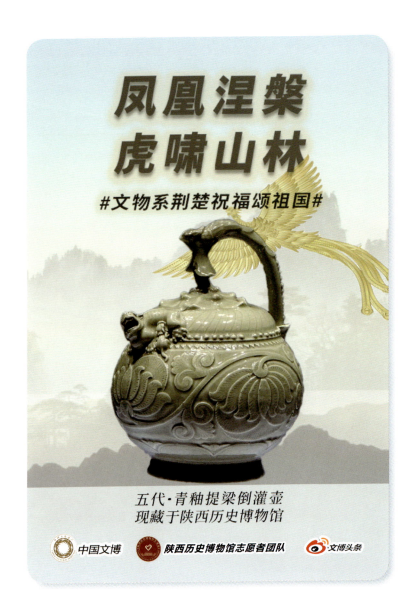

青釉提梁倒灌壶

壶身呈圆形，盖、梁、身连为一体。柿蒂形壶盖，提梁为一只伏卧、圆眼短嘴的凤凰。壶嘴为一张口侧卧的母狮，一只幼狮正在腹下吮吸乳汁。壶身周饰凸雕的缠枝牡丹。凤凰、狮子和牡丹分别为百鸟之王、百兽之王和百花之王，此壶也被称作"三王壶"。

凤凰涅槃，虎啸山林！

文物海报发布时间 2020.03.10

聂耳小提琴

　　《义勇军进行曲》是令每个中国人都热血沸腾的旋律，而奏响《义勇军进行曲》的第一件乐器——聂耳小提琴便是聂耳手中的"枪和炮"。如今，在这没有硝烟的战"疫"面前，不论身在何处，每当国旗升起，国歌奏响，每一个华夏儿女都会发出心底最真挚的呐喊："我们万众一心，冒着敌人的炮火前进！冒着敌人的炮火前进！前进！前进！进！"

文物海报发布时间 2020.03.10

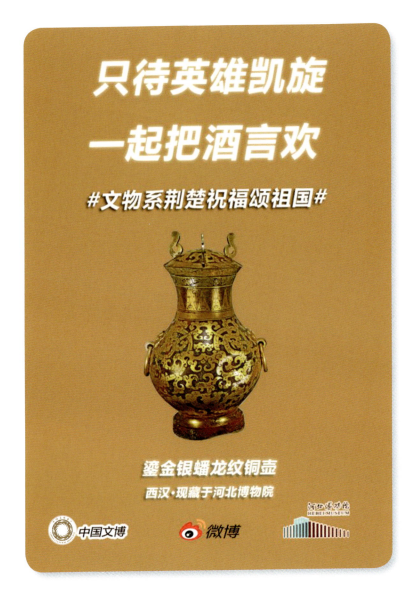

鎏金银蟠龙纹铜壶

通体鎏金银。盖缘、口沿、圈足底边为鎏银卷云纹带，颈部饰鎏金、银相间的三角纹带饰。腹部盘绕四条独首双身的金龙，间缀金色卷云纹。盖竖三鎏银云形钮，盖面饰三只鎏金夔凤。铜壶美酒已备好，只待英雄凯旋，一起把酒言欢。

文物海报发布时间 2020.03.11

四神瓦当

　　"四神"分别是青龙、白虎、朱雀、玄武，在古代分别代表天上东、西、南、北四个方位星宿，具有驱邪禳灾、祈福承喜、康乐安宁的吉祥含义。整套瓦当造型考究，体现了工匠们的高度智慧和艺术才情。四神瓦当，护佑吉祥，佑我中华，福瑞安康。

文物海报发布时间 2020.03.11

03.11

端石如意纹腰鼓形砚

  浮雕如意纹，寓意吉祥如意，雕刻精巧细腻，别具一格。愿平安健康，事事如意！

文物海报发布时间 2020.03.11

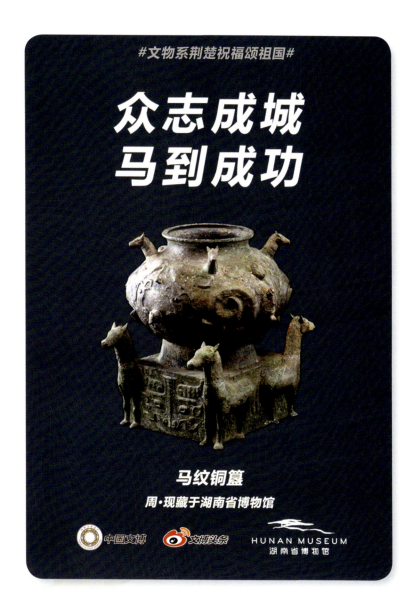

马纹铜簋

商周时期，簋是重要的礼器。此铜簋肩部浮雕四匹昂首伏卧的小马，卧马之间饰卷曲的双身龙纹，器座较长的两边铸立马四匹，每两匹一组，头向相反，昂首竖耳。

战"疫"仍在继续，不获全胜绝不轻言成功。众志成城，万众一心，定能马到成功！

文物海报发布时间 2020.03.11

03.11

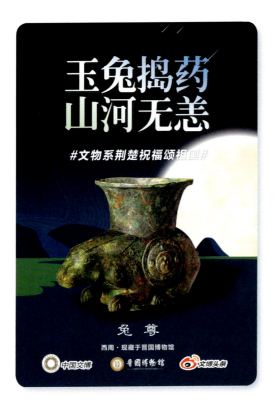

兔尊

　　喇叭形口，兔作匍匐状，两耳向后并拢，四腿蜷曲腹部中空。兔尊造型独特，中空的腹部可以盛放祭祀用酒，完美实现了实用性和装饰性的和谐统一，是晋国青铜文化的代表作。

　　在我国传统文化中，玉兔捣药的形象深入人心。玉兔下凡拯救百姓于瘟疫的传说，更是广为流传。玉兔捣药，山河无恙，终将守得云开见月明。袍泽情谊，文脉相连，晋国兔尊，"药"祝平安吉祥！

文物海报发布时间 2020.03.11

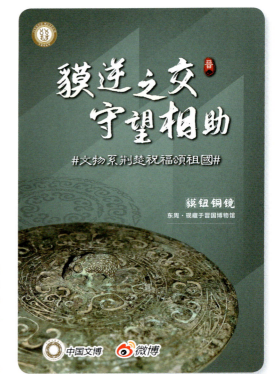

貘钮铜镜

　　镜钮为貘的形象，貘全身鬃毛清晰可见，钮座四周向外饰窃曲纹和斜角云纹各两周。在中国的传说中，貘以梦为食，吞噬噩梦，具有辟邪功能。晋楚之交，历来久矣。貘钮夔纹铜镜，辟瘟除邪，驱走黑暗，带来光明，迎来朗朗乾坤。

文物海报发布时间 2020.03.11

苍璧礼天
疫去春暖

#文物系荆楚祝福颂祖国#

汉·饕餮纹玉璧

中国文博   荆州博物馆   微博

饕餮纹玉璧

青玉质，圆形，扁平状，中央有穿孔。两面纹饰相同，内圈饰谷纹，外圈饰三组饕餮纹，其间由一圈绳纹相隔。苍璧礼天祛疫患，春来花开暖人间。

文物海报发布时间 2020.03.11

破茧重生
生生不息

#文物系荆楚祝福颂祖国#

玉蝉
汉·现藏于云阳博物馆

中国文博   云阳博物馆   文博头条

玉蝉

蝉的头部刻画有力，两眼突出，背脊线凸起，双翼两侧平直，尾部三角翼收敛，整体器形平整。古人对蝉十分推崇，认为其高洁清雅，喜用玉蝉佩挂作为装饰。又因为蝉能入土生活，出土羽化，汉代经常将玉蝉放于死者口中，期望逝者能够像蝉一样精神不死，蜕化再生。

文物海报发布时间 2020.03.11

吴王夫差剑 / 越王勾践剑

　　苏州博物馆藏吴王夫差剑剑作斜宽从厚格式,剑身宽长,刃锋犀利,剑从收分自然。剑格处深铸兽面纹,镶嵌绿松石。剑身近格处铸铭文两行:"攻敔(吴)王夫差""自乍(作)其元用"。此剑是迄今已知吴王夫差剑中最完整的一件。

　　曾经针锋相对分藏苏州和湖北两家博物馆的吴王剑与越王剑,千年以后,暗淡了刀光剑影,却促成了双剑合璧。期望早日花开疫散,重逢可待。双剑合璧,万邪不侵。

文物海报发布时间 2020.03.11

佛法僧宝铜印

　　印钮为骑马人像，寓意马到成功。只要我们齐心协力，携手同行，抗击疫情定能获得全功。

文物海报发布时间 2020.03.11

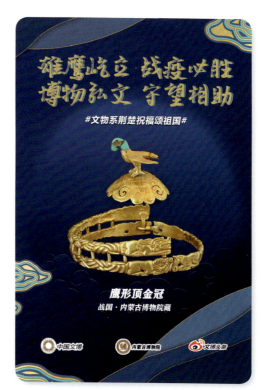

鹰形顶金冠

　　整套冠饰气势磅礴，生动呈现了雄鹰高高在上，鸟瞰草原上虎狼咬噬马羊的场面。它应该是匈奴最高统治者匈奴单于的王冠，也是迄今为止发现唯一的"胡冠"实物。

文物海报发布时间 2020.03.11

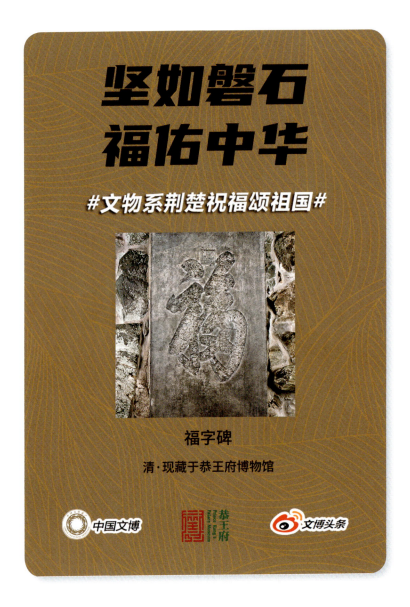

福字碑

清·现藏于恭王府博物馆

中国文博　恭王府　文博头条

福字碑

　　碑长7.9米，位于恭王府花园，由清康熙皇帝的御笔刻成。康熙书法造诣颇深，但很少题字，此"福"字极其珍贵。而且此福字苍劲有力、颇具气势，可分解为多田多子多才多寿，构思巧妙，堪称天下第一"福"。坚如磐石，福佑中华！

文物海报发布时间　2020.03.12

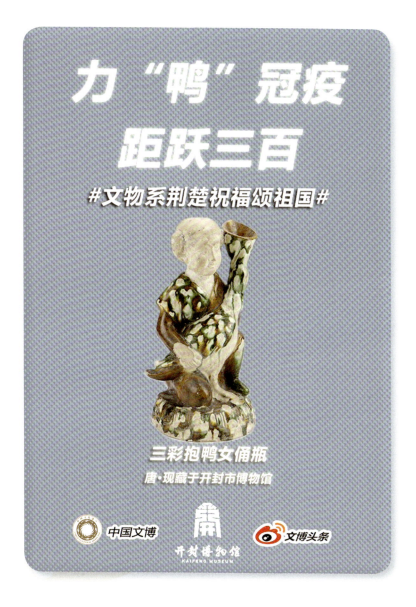

力"鸭"冠疫
距跃三百

#文物系荆楚祝福颂祖国#

三彩抱鸭女俑瓶

唐·现藏于开封市博物馆

中国文博　开封博物馆 KAIFENG MUSEUM　文博头条

三彩抱鸭女俑瓶

　　造型为一位眉目清秀、端丽活泼的少女，身着
窄袖长衣，外披披肩，怀抱一个鸭式长颈瓶，蹲跪
于圆形莲台之上。女俑和鸭子身体中空，连为一体，
似为插花器。整器生动逼真、三彩色泽艳丽，富有
浓郁的生活气息。

文物海报发布时间 2020.03.12

03.12

司马金龙墓出土俑阵 / 宋绍祖墓出土俑阵

　　北魏司马金龙墓俑阵和宋绍祖墓俑阵，挟带铁血王朝的恢宏气势，助力凯歌唱响，捷报频传！坚垒千兵破，万马踏春来。

文物海报发布时间　2020.03.12

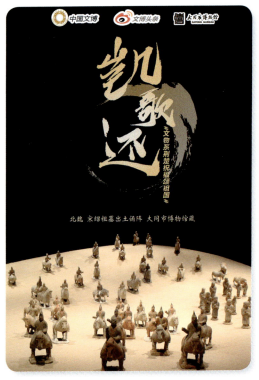

红陶马

陶马昂首挺胸，前腿直立，后腿微曲，欲拔腿奔走，是迄今为止在三峡库区出土文物中体型最大的一匹。马作为古代农业生产、交通运输和军事等活动的主要动力，是群众生活富足、国家实力强盛的重要体现，更被赋予奋斗不止、自强不息、积极进取的文化内涵。

文物海报发布时间 2020.03.12

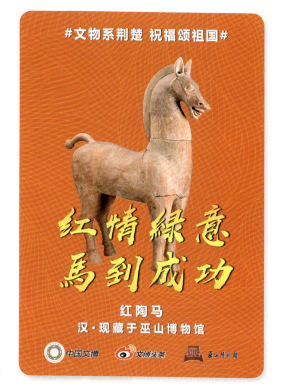

#文物系荆楚 祝福颂祖国#

红情绿意 馬到成功

红陶马
汉·现藏于巫山博物馆

中国文博　文博头条

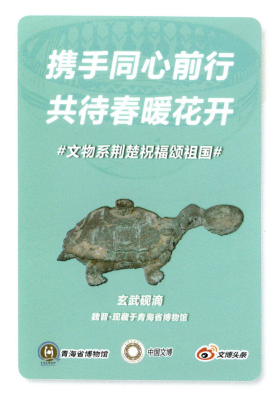

携手同心前行 共待春暖花开

#文物系荆楚祝福颂祖国#

玄武砚滴
魏晋·现藏于青海省博物馆

青海省博物馆　中国文博　文博头条

玄武砚滴

砚滴龟蛇合体，作站立状。龟首前伸，双眼圆睁，口衔一只小碗。长蛇曲卧龟背，蛇头曲伏在龟颈右侧。龟腹中空，龟背中央有管状孔直通龟腹，作注水口，或可能为笔插用。龟蛇合体，古称玄武，是"四灵"中的北方之神。

文物海报发布时间 2020.03.12

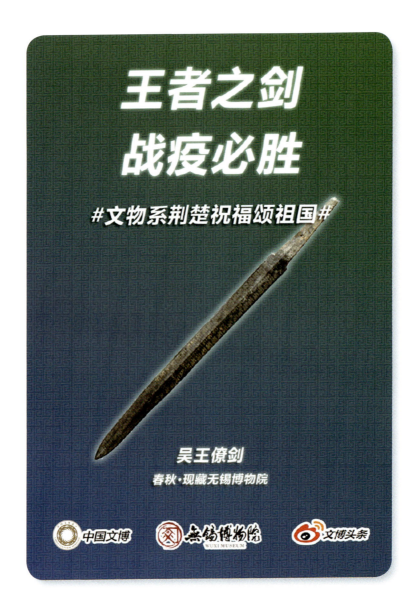

吴王僚剑

　　吴王僚的佩剑。剑呈窄长扁条形，无格无首，前锋尖锐，两刃近锋略内收，向后渐宽，剑身中线起脊，直通茎末。茎作梯形，前宽后窄，中部有一小孔。剑身饰"王"字形暗纹。两纵靠近茎处铸铭文12字。王者之剑，出鞘必胜，共助战"疫"！

文物海报发布时间　2020.03.12

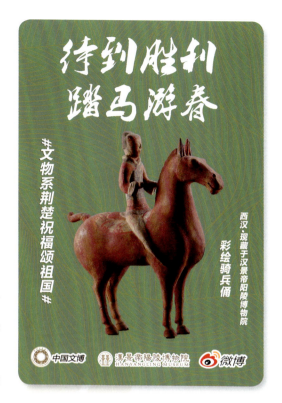

彩绘骑兵俑

　　骑兵是古代军队中最重要的军种之一，具有长途奔袭、快速机动、灵活多变、集结迅速等特点。该兵俑真实反映了西汉早期骑兵俑的基本形态。

　　抗"疫"胜利在望，踏马游春。

文物海报发布时间 2020.03.12

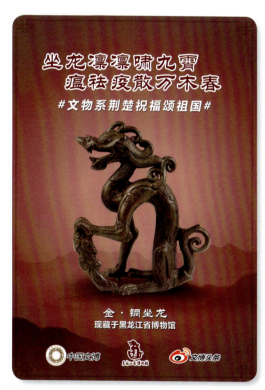

铜坐龙

　　黄铜铸造而成，是金代早中期皇室的御用器物，其发出的"呜呜"声系龙嘴的特殊构造所致。因该龙呈蹲坐式，龙首微扬，张口似吟啸，威武雄姿，又被人称为金源第一龙。

文物海报发布时间 2020.03.12

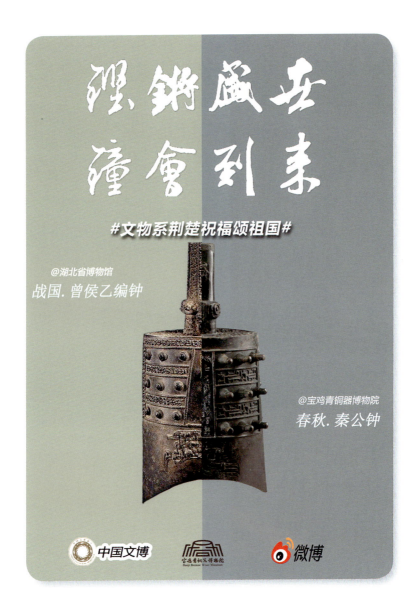

曾侯乙编钟 / 秦公钟

　　钟，打击乐器，一般在贵族祭祀或宴飨时，与编磬相和使用。秦公钟铭文长达135字，记述了先祖襄公"赏宅受国"和文公、静公、宪公治国兴邦的业绩，以及时任秦公朝夕虔祀祖先，纳聚贤才，励精图治，勤于治国的心迹。

　　湖北的曾侯乙编钟与陕西的秦公钟，秦楚同心，共奏盛世强音；众志成城，谱写时代新韵！美好的期许，"钟"会到来。

文物海报发布时间 2020.03.13

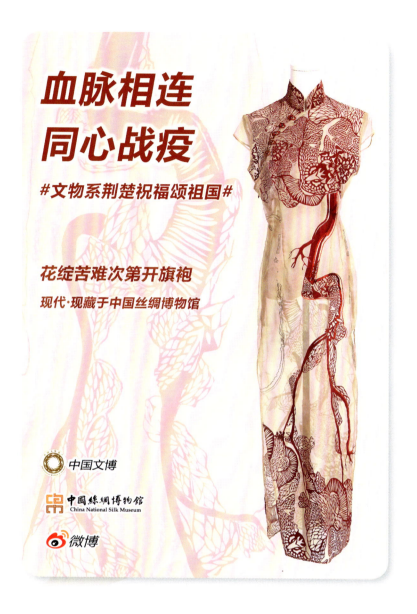

血脉相连
同心战疫

#文物系荆楚祝福颂祖国#

花绽苦难次第开旗袍

现代·现藏于中国丝绸博物馆

中国文博

中國絲綢博物館
China National Silk Museum

微博

花绽苦难次第开旗袍

　　旗袍的主题为心脏与花，其中红线代表亲人之间的情感联结、锁绣和埋金绣法绣在血管周围，再以纸雕工艺表现花朵纹样的心脏图案：巨大的心房处盛开着朵艳丽的花，如同心跳一般，展现着不屈的意志和不息的生命力。

文物海报发布时间 2020.03.13

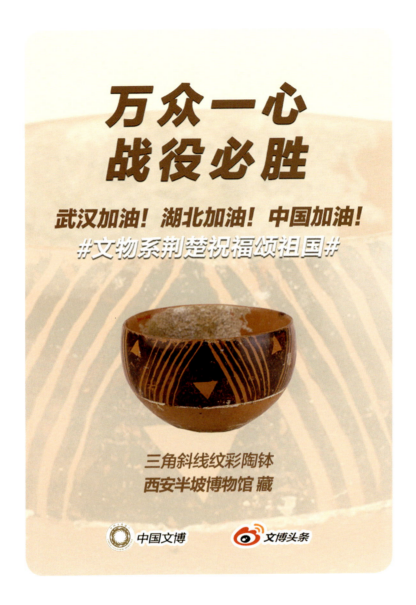

三角斜纹彩陶钵

　　钵外壁上部以黑彩绘制出由三角与多道斜线相间组成的连续图案。三角一正一反分布，斜线一左一右倾斜。整个画面构图规整而又有变化，充满节奏和韵律感。

　　制陶如塑人，在经过这些磨难之后，完成涅槃。

文物海报发布时间 2020.03.13

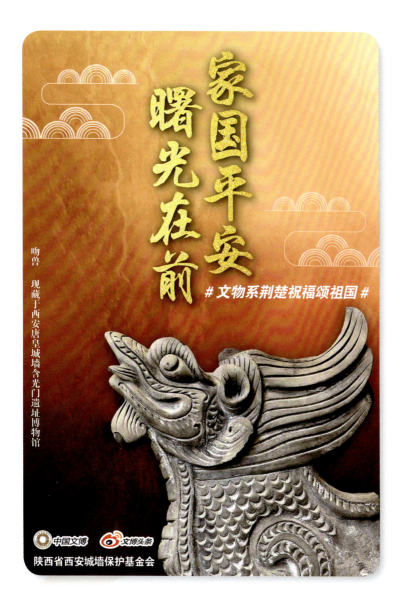

吻兽

　　这件吻兽曾是西安城墙西门城楼正脊北侧一组三件的兽头饰物之一，具有守护家宅平安，冀求丰衣足食之意。其造型更是祥瑞的象征，预兆天下太平。曙光在前，望家国平安，生活美满！

文物海报发布时间　2020.03.13

白玉带扣

　　白玉制，椭圆形，为扣饰中的组件。器面碾磨对称菊花纹，居中以细阴刻线勾勒，雕饰吉祥结，两端饰如意纹，背部有圆形钮两个。此器玉质细糯温润，纹饰对称规整，雕琢上佳。

文物海报发布时间 2020.03.13

犀角形玉杯

　　出土于南越王墓主棺室墓主棺椁"头箱"中，青玉质，仿犀角形，中空。杯底有细软弯转的绳索式尾，缠绕在杯身下部。杯口沿阴刻弦纹一周，杯身以浅浮雕和双钩法饰勾连云纹。器体轻薄，抛光琢制俱佳。

文物海报发布时间 2020.03.13

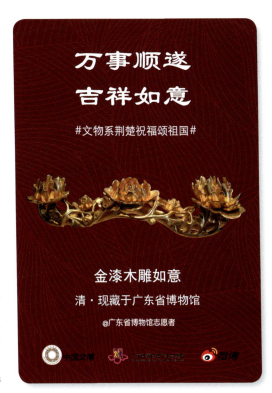

金漆木雕如意

　　潮州金漆木雕，即在木刻构件完成之后再饰金涂漆。也就是说，它是"内木外金"。此件样式与常见的如意不同。一般来说，如意头呈灵芝形或云形，柄微曲。而这件金漆木雕如意由折枝牡丹三朵盘屈而成，寓意富贵吉祥。

文物海报发布时间 2020.03.13

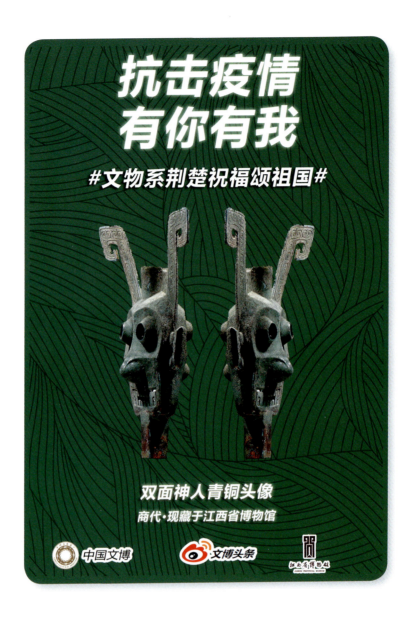

青铜双面神人头像

　　神人首形，两面相同且对称，扁体中空。顶上圆管可插羽冠，下部方銎能装木柄，上管下銎，管銎相通，是迄今所见唯一的双面青铜头像。抗击疫情，不分你我，同心协力，团结奋战，用自身的行动践行我们的社会责任。

文物海报发布时间　2020.03.14

温润晶莹
病邪散净

#文物系荆楚祝福颂祖国#

东汉·水晶兽

临沂吴白庄汉墓出土
现藏于临沂市博物馆

中国文博　临沂市博物馆　文博头条

水晶兽

　　圆雕小兽，呈卧式，兽头前伸，缩颈拱背，四肢屈踞，腰部钻一小孔，造型生动活泼。水晶因其晶莹透明、温润素净而被人们视为圣洁之物，是吉祥的象征，自古就传有避邪、祈福的功能。

文物海报发布时间 2020.03.14

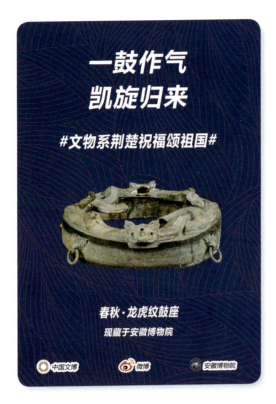

龙虎纹鼓座

　　鼓座为圆圈形，上沿四周以高浮雕塑怒吼的猛虎与独角翘立的游龙，造型奇特，体型巨大，气势雄浑。器身满饰羽翅纹。外壁饰四个衔环铺首，并铸有铭文两周。

文物海报发布时间　2020.03.14

克盉

　　酒器，圆顶盖，顶正中置半环形兽面钮，盖沿及颈部均饰以云雷纹为地的四组长尾凤鸟纹，腹部光素。管状流，兽首鋬，下接四圆柱足。盖与器口内壁各铸铭文43字，记载西周初年周成王册封燕侯，以及授民授疆土的史实。

文物海报发布时间　2020.03.14

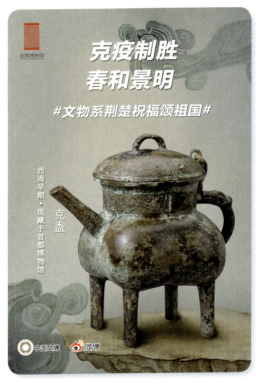

中央红色医院使用过的药碾

土地革命战争时期中央红色医院使用过的药碾，以生铁浇铸，由碾盘和碾槽两部分组成。这件看似普通的碾药工具，曾在烽火硝烟的战争年代，拯救了数以万计的红军指战员的宝贵生命。

文物海报发布时间 2020.03.14

景德镇窑青花果树纹双管瓶

造型新颖，双口连体，器腹可同时盛放两种液体，整器纹饰丰富，通体用青花满绘花、果和昆虫，画风草逸，繁而不乱。连枝同气，共盼春来！

文物海报发布时间 2020.03.14

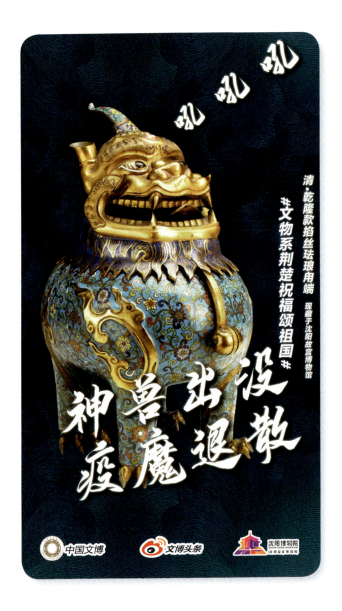

乾隆款掐丝珐琅甪端

　　蓝地掐丝珐琅制，甪端瞠目仰首，四腿挺直，踩踏一只盘曲的蛇，颌下钮处有"大清乾隆年制"楷书款。陈设器，成对使用，常置于大殿内两侧堂陛之上，用以焚香和威慑殿堂。甪端形似麒麟而只有一只角，是古代传说中的瑞兽。

文物海报发布时间　2020.03.14

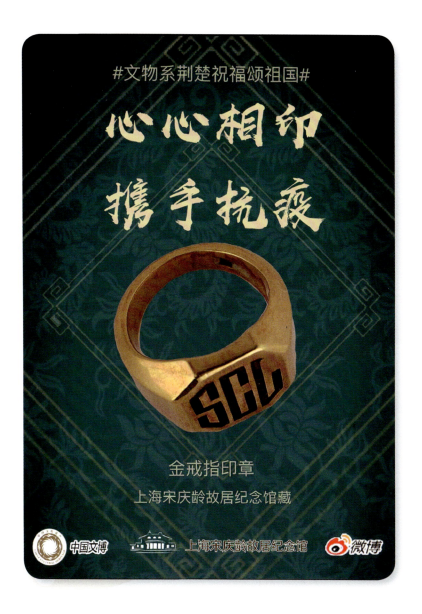

金戒指印章

　　这枚刻有宋庆龄英文姓名（Soong Ching Ling）缩写"SCL"的金戒指印章，是她曾经使用过的。武汉也曾见证着宋庆龄为捍卫民权、妇女解放和社会进步所做出的不屈不挠的奋斗。心心相印，携手抗疫。

文物海报发布时间 2020.03.14

八叶四花四山镜 / 四山镜

　　两面四山镜均为战国时期的铜镜，一面现藏于西安博物院，一面现藏于湖北省博物馆。圆形镜身象征团圆，镜背"山"字纹，可能与古人山岳崇拜有关，是楚镜中最为流行的纹饰。

　　在这场没有硝烟的全民战"疫"中，每一个人都成了命运共同体中的一环，在被阴霾笼罩的日子里，疫情像是一面镜子，尽显人性的光辉和人间的大爱。

文物海报发布时间　2020.03.15

梅开五福
平安长久

#文物系荆楚祝福颂祖国#

青花"四爱图"梅瓶
元 现藏于武汉博物馆

 中国文博   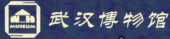 武汉博物馆    文博头条

青花"四爱图"梅瓶

梅瓶因瓶体修长，宋时称为"经瓶"，作盛酒用器，造型挺秀、俏丽，明朝以后被称为梅瓶。这件元青花四爱图梅瓶，描绘古代四大文人以及他们的倾心所爱。人物神形兼备，特征鲜明，衣纹用笔潇洒自然，主题纹饰与青花色泽交融一体，尤为清丽雅致。"四爱图"即王羲之爱兰，周茂叔爱莲，林和靖爱梅鹤，陶渊明爱菊。

文物海报发布时间 2020.03.15

第一套人民币一万元 牧马
中国钱币博物馆

中国文博

微博

第一套人民币一万元"牧马"纸币

中华人民共和国第一套人民币，自1948年12月1日开始发行，共12种面额、62种版别。面值一万元纸币共4种，规格均为140×75mm。此"牧马"图案的一万元面值纸币自1951年5月17日至1955年4月1日发行。

在全国人民的共同努力下，疫情得到有效控制，各方面的恢复更需要信心和毅力。

文物海报发布时间 2020.03.15

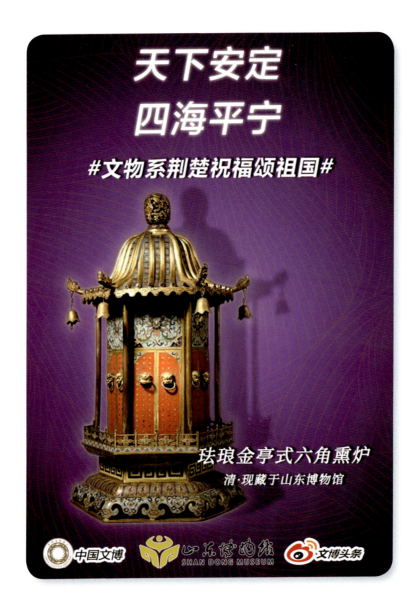

珐琅金亭式六角熏炉

　　铜胎鎏金，造型为六角亭式。亭中香筒放入香料，香气从雕花镂空的盖钮中逸出，缕缕袅袅，满室生香，提神怡人。香筒作亭式造型，似有取"亭""定"的谐音，寓意"天下安定"的意思。

　　我国自古以来就有焚香熏香的习俗和传统，燃香草可以祛除卑湿，逐虫驱秽，净化环境空气，祈祝神明。

文物海报发布时间 2020.03.15

春风化雨万物生
疫病皆消人康宁

#文物系荆楚祝福颂祖国#

蟠虺纹铜浴缶

春秋

（武汉自然博物馆）

现藏于长江文明馆

蟠虺纹铜浴缶

　　器身丰圆矮胖，盖顶附喇叭状捉手。肩饰一对兽首形环耳饰。盖和器身满布蟠虺纹。浴缶，亦称盥缶，盛水器，主要流行于春秋晚期至战国时期的楚地。楚人重祭祀，行沐浴礼，常用鼎烧水，用浴缶盛水，用鉴沐浴。

文物海报发布时间　2020.03.15

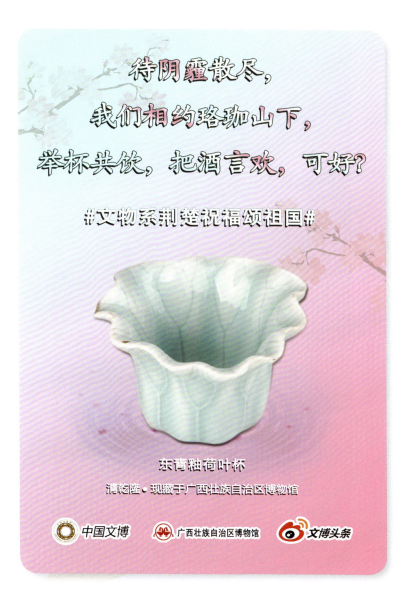

待阴霾散尽，

我们相约珞珈山下，

举杯共饮，把酒言欢，可好？

#文物系荆楚祝福颂祖国#

东青釉荷叶杯

清乾隆·现藏于广西壮族自治区博物馆

中国文博　　广西壮族自治区博物馆　　文博头条

东青釉荷叶杯

　　杯口边卷曲，呈卷边荷叶造型，深腹，底微拱，口底不规则。施东青釉，壁饰叶脉纹，杯心饰堆粉莲蓬纹，色泽温润，造型生动别致。

文物海报发布时间 2020.03.15

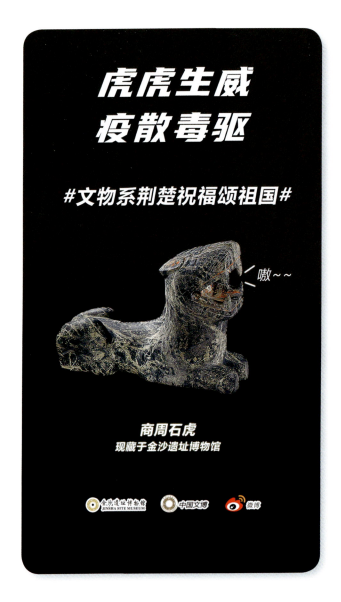

石虎

　　采用灰黑色蛇纹岩制成，石料上大量灰白色的条状斑纹，如自然生长的虎斑纹。石虎坐卧，前爪前伸、后爪向前弯曲卧地，昂首挺胸，嘴巴大开，四颗硕大的犬齿清晰可见，形象威猛狞厉。虎虎生威，疫散毒驱！

文物海报发布时间　2020.03.15

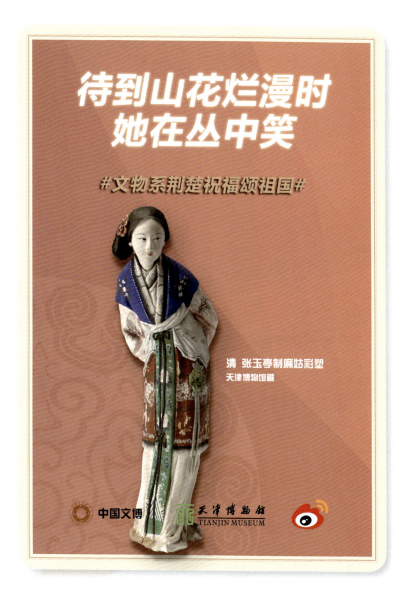

待到山花烂漫时
她在丛中笑

#文物系荆楚祝福颂祖国#

清 张玉亭制麻姑彩塑
天津博物馆藏

中国文博 天津博物馆
TIANJIN MUSEUM

张玉亭制麻姑彩塑

麻姑是神话传说中的女神仙，她的形象多为女性祝寿用。这件作品用"泥人张"捏塑仕女的手法创作，表现出人物婀娜的体态。

文物海报发布时间 2020.03.15

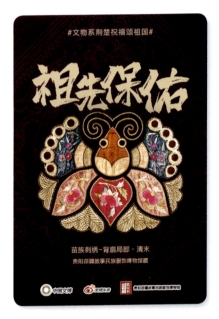

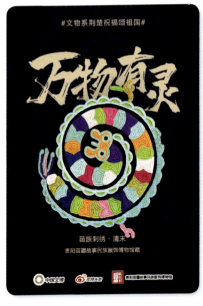

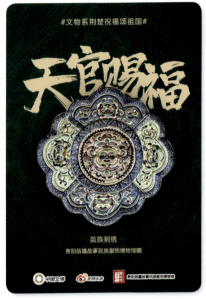

苗族刺绣

　　一针一线千古事，繁花绽于指尖诗，青丝蜿做蝴蝶影，痴心共祈万物春……苗族至今没有形成可通读的文字，有很多人的生命中特别的一刻就是从瞥见那张令他震撼的苗绣开始的，这些绝美的苗绣符号纹样流传竟达悠悠数千年。

　　蝴蝶在苗家被尊称为蝴蝶妈妈，苗家创世传说中枫树树心化作蝴蝶与水塘中的水泡相恋诞生了十二个蛋，孵出了世间万物，因此，供奉蝴蝶妈妈就代表了祖先庇佑，积爱成福，吉祥顺遂。

文物海报发布时间 2020.03.15

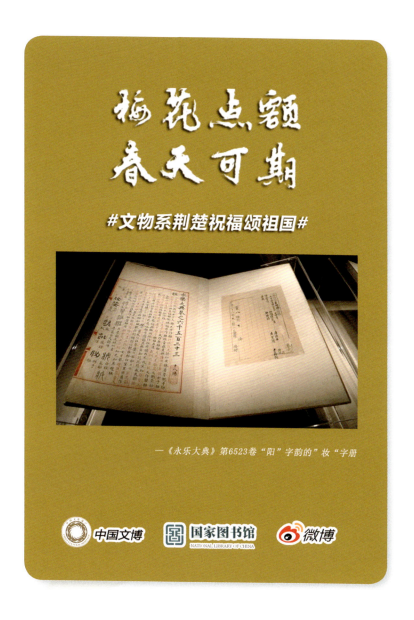

《永乐大典》第6523卷"阳"字韵的"妆"字册

梅花点额，共待春暖。同心抗"疫"，共战疫情。

文物海报发布时间 2020.03.15

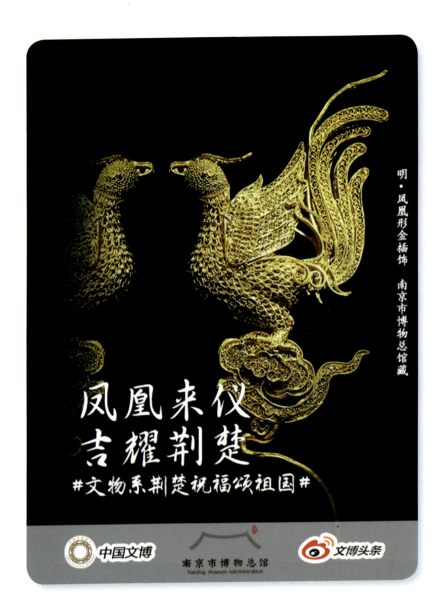

凤凰形金插饰

　　金质，簪首为一只凌空飞舞的凤凰，尖喙，羽冠，丹凤眼，昂首挺胸，双翼外张，振翅欲飞，羽毛层层叠叠，尾羽飘拂，伫立于如意祥云之上。凤凰来仪，吉耀荆楚。

文物海报发布时间　2020.03.16

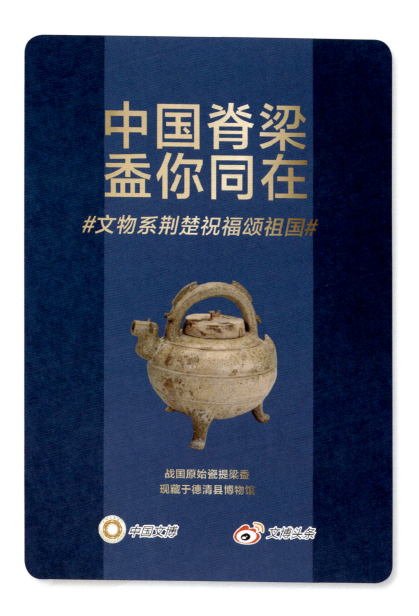

原始瓷提梁盉

　　提梁盉，盛水器。中国古代贵族在祭祀或宴饮时，讲究按一定比例加水于酒中，用以温酒或调和酒水的浓淡，所用容器即为盉，而它与盘相组合，则起到沐手作用。中国脊梁，"盉"你同在！

文物海报发布时间　2020.03.16

建阳窑黑釉酱斑碗

碗内壁黑釉间有放射状酱褐色羽状斑纹，俗称"鹧鸪斑"，外壁黑釉有酱褐斑。建窑黑釉瓷器的盛行，与宋代风靡的斗茶风俗息息相关，因窑变而烧出的"兔毫""鹧鸪斑""曜变"等纹样，是建窑茶盏的最重要特色之一。一盏清心，愁消疫散！

文物海报发布时间 2020.03.16

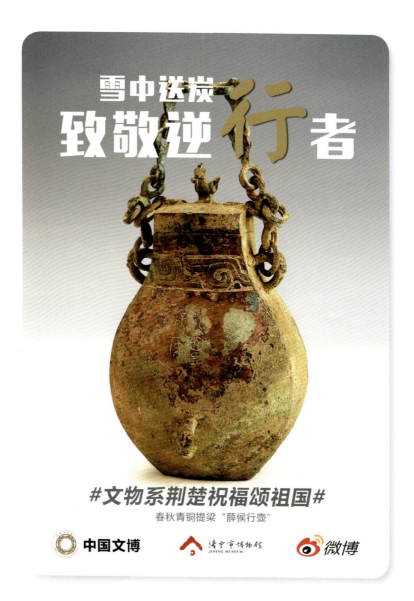

青铜提梁"薛侯行壶"

　　薛侯出行时所用水器。青铜质，鼓腹，平底，兽首耳，有盖，盖顶立一鸟，两侧为兽首衔环，链状提梁穿于环中，颈部饰蟠螭纹，腹下部有一兽环形钮，腹部有两行四字铭文"薛侯行壶"。

文物海报发布时间 2020.03.16

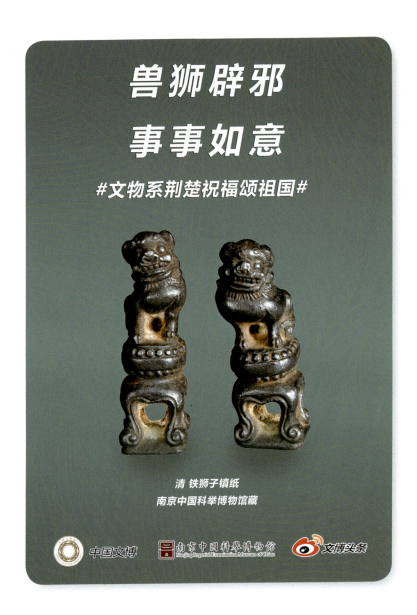

兽狮辟邪
事事如意

#文物系荆楚祝福颂祖国#

清 铁狮子镇纸
南京中国科举博物馆藏

中国文博　　南京中国科举博物馆　　文博头条

铁狮子镇纸

　　两个狮子表达"事事如意""子嗣兴旺"之意，此镇纸雕刻精细，狮子憨态可掬，生动形象，充满意趣。

文物海报发布时间 2020.03.16

黄钟大吕
共奏佳音

#文物系荆楚 祝福颂祖国#

曾侯乙编钟

现藏于湖北省博物馆

曾侯乙编钟

　　湖北随县曾侯乙墓出土。全套编钟共六十五件，分三层八组悬挂在呈曲尺形的铜木结构钟架上。每件钟均能奏出呈三度音阶的双音，全套钟十二个半音齐备，可以旋宫转调。音列是现今通行的 C 大调，能演奏五声、六声或七声音阶乐曲。黄钟大吕，共奏佳音！

文物海报发布时间　2020.03.16

根雕南极仙翁

　　南极仙翁是古代神话传说中的老寿星。此尊仙翁以整棵树根雕造而成。额头随木形高高隆起，皱纹累累。双眼成缝，抿嘴微笑，须髯垂胸，似福寿连绵。左手捧仙桃，右手执杖，身负葫芦形饰物。"葫芦"，谐音"福禄"。道教以葫芦盛放灵丹妙药，后引申至"悬壶济世"、"药到病除"。南极仙翁，原本为道教神祇，在民间渐与寿星文化相融合，寓意福寿安康，长命百岁。

文物海报发布时间 2020.03.16

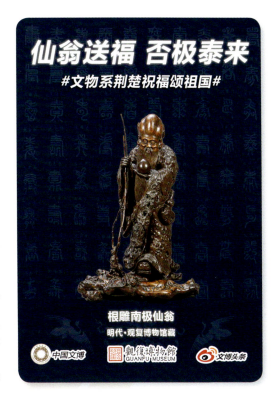

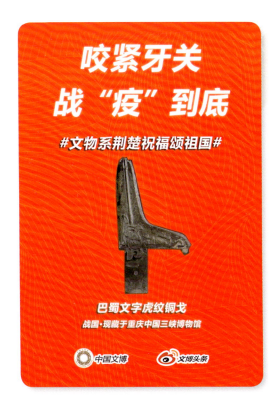

巴蜀文字虎纹铜戈

　　青铜钩击兵器。直援，方内，内有一穿，长胡三穿。两面各有浮雕状的虎头，虎耳向后伸至内上，张口瞪目，口含一条鱼，状极狰狞。虎身延至胡部，尾上翘，呈奔走状。援脊有一行巴蜀符号。

文物海报发布时间 2020.03.16

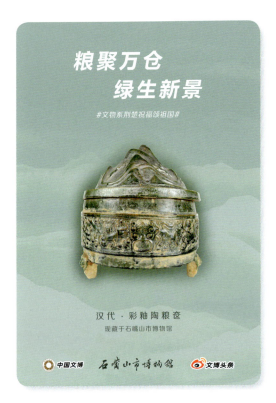

彩釉陶粮㢍

　　彩釉陶粮㢍，汉代，博山炉形盖，以模印花纹为饰，腹体两端凸起弦纹，并饰以虎、熊等动物图案，图案清晰精美，动物形象栩栩如生。器盖上部堆塑凸起山峰图案，极具立体美感。底部为三只熊形矮足，憨态可掬。该㢍通体施绿釉，釉色莹润纯正，翠绿可人，是汉代陶器中的一件精品。愿祖国汇聚天下粮仓，人民富庶安康。

文物海报发布时间 2020.03.16

磁州窑龙凤罐

　　磁州窑龙凤罐，元代，胎质色白较粗，胎体厚重，胎壁内外均涂有白色泥浆，通体彩绘，龙凤纹是磁州窑装饰使用较多的纹样之一。该瓷器的龙纹和善、调皮，鲜明的体现了百姓淳朴的审美情趣；凤纹是吉祥、高贵的象征，凤凰的腹部呈螺旋形，头、尾、眼神表现祥和，画面生动、简洁。寓意全国人民万众一心，众志成城，共同阻击新冠肺炎疫情的决心和美好祝愿。

文物海报发布时间 2020.03.16

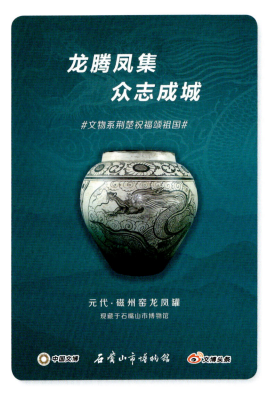

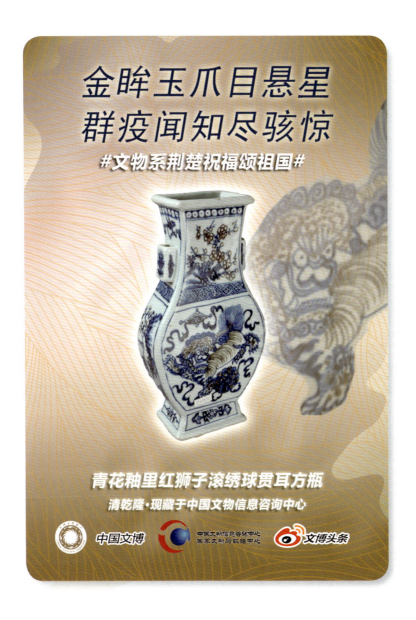

青花釉里红狮子滚绣球贯耳方瓶
清乾隆·现藏于中国文物信息咨询中心

中国文博　中国文物信息咨询中心 国家文物局数据中心　文博头条

青花釉里红狮子滚绣球贯耳方瓶

　　青花和釉里红是两种不同的呈色剂，钴与铜烧成的温度和气氛要求不同，故烧制成功的难度极大。此器作为一件民窑作品，青花纹饰与釉里红的狮子交相辉映，恰到好处，益见其难能可贵。祝愿武汉人民如醒狮一般，战胜疫情，威风凛凛！

文物海报发布时间　2020.03.16

感　谢

　　向所有参与本次祝福海报接龙活动的文博单位致以诚挚的感谢，让我们体会到在文博行业这个大家庭的温暖。感谢国家文物局相关部门指导及工作支持；感谢湖北省文化和旅游厅、辽宁省博物馆给予支持；感谢新浪微博大力推广；感谢文物出版社相关部门配合支持出版；感谢雅昌艺术印刷有限公司配合印制；感谢中国文物信息咨询中心所有为之付出努力工作的同仁。

后 记

即便是大年初一那天，我也从没想过，能有这么悠长的"假期"。但这个假期过得并不轻松，每天都在拿起手机和放下手机的过程中煎熬。每每看到疫情相关的数字不断上升，不得不面对的生离死别，医护人员相继奔赴前线，心里就一阵阵的揪扯。彼时网络上也时不时地充斥着一些负面焦虑的情绪，如果这种情绪被放大，那只会对救援更加不利。不愿只当旁观者，是时候该做点什么了！我想，本该门庭若市的博物馆因为疫情都在闭门谢客，日常工作已经停摆，我们人在家中坐，怎么才能在此时发出一道温暖的光呢？文物，本身就承载着传播知识，树立民族自信的意义，用文物蕴含的文化精神凝聚力量，给人以信心，给人以希望，给人以力量，"祝福海报接力"活动应运而生。各文博机构的小伙伴们一呼百应，从遴选文物，设计海报，快速排列出长城般的接力长龙，一幅幅饱含着文博人祝福的作品，每天在微博中发送着希望。从博物馆到考古遗址，从文保单位到海外文博机构，因为"抗疫"必胜的信念使我们做着同一件事！看着阅读量从几千到百万，到几亿……我们欣慰，因为更多人查收了文博人的拳拳心意，希望能在艰难时刻为他们带来一点光。疫情终将过去，收集展示承载中华民族精神和时代记忆的见证物，是博物馆人的使命。今天将这些作品汇集成册，成为一段历史的见证，作为一段珍贵的记忆，将被永远铭记！

在此，衷心感谢对此次工作给予支持的国家文物局和中国文物信息咨询信息中心的各位领导和同事，衷心感谢湖北省文化和旅游厅和省内各文博机构的同事，衷心感谢参与此次祝福海报接力活动的各文博机构的同事，特别是我们每一家微博的具体负责同志，感谢每一位传递祝福的人。

中国文物信息咨询中心

中国文博编辑　李巍